Dédicace

Ce livre est dédié à tous les enfants
ayant des troubles d'apprentissage
et avec qui nous avons travaillé.

À Xavier et Samuel, qui chaque jour
me montrez la douce beauté de la vie...
N.R.

À toi qui bouffes du vent et de la tempête.
Pour toi, Simon...
S.B.

Table des matières

GUIDE DE SURVIE DES JEUNES AYANT DES TROUBLES D'APPRENTISSAGE

PRIMAIRE / SECONDAIRE

Gary L. Fisher, Ph. D. et **Rhoda Woods Cummings, Ed. D.**

Guérin
Montréal
Toronto

4501, rue Drolet

Montréal (Québec) H2T 2G2 Canada

Téléphone: (514) 842-3481

Télécopieur: (514) 842-4923

Courrier électronique: francel@guerin-editeur.qc.ca

Site Internet: http://www.guerin-editeur.qc.ca

Traduction et adaptation: **Nadia Rousseau** et **Stéphanie Bélanger**

Dépôt légal

ISBN 2-7601-6254-0

Bibliothèque nationale du Québec, 2002
Bibliothèque nationale du Canada, 2002

IMPRIMÉ AU CANADA

Révision linguistique Carolle Dea

Nous reconnaissons l'aide financière du gouvernement du Canada par l'entremise du Programme d'Aide au Développement de l'Industrie de l'Édition (PADIÉ) pour nos activités d'édition.

Canada

À propos des auteurs

Gary Fisher a étudié les troubles d'apprentissage et il a écrit sur ce sujet pendant plusieurs années. Il a travaillé auprès de plus de 1000 élèves éprouvant des difficultés à apprendre, lorsqu'il était psychologue dans l'état de Washington. Il vit aujourd'hui à Truckee en Californie et enseigne à l'Université du Nevada à Reno. Il a deux enfants, Colin et Aaron.

Rhoda Cummings enseigne en adaptation scolaire à l'Université du Nevada à Reno. Elle a deux enfants, Carter et Courtney. Son fils, Carter, a des troubles d'apprentissage. Il vit à Reno dans son propre appartement, possède une auto et a un emploi à temps plein.

Stéphanie Bélanger est orthopédagogue de formation. Elle travaille, tant au primaire qu'au secondaire, auprès d'élèves ayant des troubles d'apprentissage. Elle poursuit présentement à l'Université du Québec à Trois-Rivières des études de 2e cycle portant sur la problématique de l'inclusion scolaire et elle est assistante de recherche à la Chaire de recherche CFER.

Nadia Rousseau est détentrice d'un doctorat en psychopédagogie et d'une maîtrise en éducation spécialisée de l'Université de l'Alberta. Professeure en adaptation scolaire et responsable académique des stages à l'Université du Québec à Trois-Rivières depuis 1998, elle a débuté sa carrière universitaire à l'Université de l'Alberta dans les domaines de la supervision de stages et de la pédagogie de l'inclusion scolaire. Titulaire de la Chaire de recherche CFER, elle oriente ses recherches sur l'expérience scolaire et la connaissance de soi des jeunes en troubles d'apprentissage ; sur les modalités de supervision de stages ; sur l'impact des stages non traditionnels sur la conception de l'enseignement, de l'apprentissage et des élèves en difficulté d'adaptation et d'apprentissage.

Note des traductrices

Lors de la traduction de ce livre, les auteures ont apporté certains ajustements afin de refléter le mieux possible la réalité canadienne. Aussi, la partie traitant de l'intégration et de l'inclusion scolaire a été modifiée en tenant compte du courant philosophique actuel.

Introduction

- Éprouves-tu des difficultés à l'école même si tu crois que tu es intelligent ou intelligente?
- As-tu de la difficulté à ne pas t'occuper des bruits de la classe lorsque tu essaies d'écouter ton enseignant ou enseignante?
- Trouves-tu cela difficile de suivre les consignes à l'école?
- T'arrive-t-il de souhaiter, lorsque tu te réveilles un jour d'école, pouvoir rester au lit avec tes couvertures par-dessus la tête?
- Aimerais-tu que tes parents te laissent faire ce que tu désires au lieu de passer des heures et des heures à faire tes devoirs?
- Souhaiterais-tu avoir autant d'amis que les autres? Mais tu ne sais pas trop quoi dire ou quoi faire?
- Te sens-tu différent? As-tu l'impression de ne pas savoir où est ta place?
- As-tu l'impression de te sentir seul ou seule au monde et que personne ne te comprend vraiment, toi y compris?

Si tu réponds *OUI* à **une** de ces questions, ce livre est pour toi.

Les « troubles d'apprentissage » : ce qu'ils sont

C'est une bonne question. Certaines personnes disent que c'est un handicap lié aux apprentissages. D'autres affirment que cela signifie « apprendre différemment ».

Nous ne pouvons pas décider ce que cela signifie pour tout le monde. Mais nous savons ce que cela signifie pour nous. Quand nous disons « trouble d'apprentissage », nous voulons dire « apprendre différemment ».

Chaque personne apprend à sa propre façon. Certains enfants apprennent à lire à quatre ans. D'autres ont toujours plus de difficulté à lire. Et même des enfants qui sont de grands lecteurs peuvent éprouver des difficultés d'apprentissage dans une autre matière, comme, par exemple, en mathématiques.

Quelques élèves ont des difficultés avec toutes les matières. Toutefois, ils peuvent être bons dans d'autres domaines tels que les jeux vidéos, les sports, le dessin ou le jardinage.

Ce n'est pas parce les enfants ayant des troubles d'apprentissage ont de la difficulté à apprendre que cela veut dire qu'ils sont stupides. Cela signifie tout simplement qu'ils apprennent différemment des autres enfants.

> Un trouble d'apprentissage est un handicap
> aux yeux de plusieurs personnes.
> Pour eux, cela signifie que cette personne
> a des difficultés d'apprentissage.
> Pour d'autres, cependant, « trouble d'apprentissage »
> veut dire « apprendre différemment ».
> Pour eux, une personne ayant des troubles d'apprentissage
> est une personne qui apprend d'une manière différente.

Stéphanie se rappelle : « Un jour, j'évaluais Caroline qui avait huit ans. Elle était en 3e année et elle était très vive. Toutefois, les évaluations ont démontré que Caroline avait des troubles d'apprentissage. En compagnie de ses parents et de son enseignante, nous lui avons expliqué ce que cela signifiait. Une semaine plus tard, elle est venue me voir en pleurant à mon bureau. Elle ne comprenait pas pourquoi elle n'arrivait pas à apprendre ses mots de vocabulaire. »

C'est pour cette raison que nous écrivons ce livre. Nous voulons répondre à des questions comme celle-ci d'une façon que tous les élèves pourront comprendre. Nous voulons aussi aider ceux qui ont des troubles d'apprentissage et qui s'interrogent sur l'école, les amis et le futur.

Mais surtout, nous voulons que tu saches que tu n'es pas seul ou seule.

Les « troubles d'apprentissage » : ce qu'ils ne sont pas

Il peut être difficile de définir exactement ce qu'est un « trouble d'apprentissage », mais tout le monde s'entend sur ce qu'il *n'est pas* :

- Cela ne signifie pas que tu es débile !

- Cela ne signifie pas que tu es stupide!
- Cela ne signifie pas que tu es paresseux ou paresseuse!
- Cela ne signifie pas que tu auras un petit emploi peu payant lorsque tu seras plus grand!

Peut-être souhaites-tu ne pas avoir de troubles d'apprentissage. Mais ne les laisse pas t'empêcher de devenir le meilleur de ce que tu peux être.

En fait, tu seras surpris ou surprise de réaliser que plusieurs de tes problèmes te sembleront moins apparents et moins graves lorsque tu auras terminé l'école.

Nadia raconte: «Il y a quelque temps, j'ai rencontré un garçon qui, depuis la maternelle, avait toujours fréquenté des classes spéciales. Maintenant âgé de 28 ans, il travaille comme représentant. Chaque jour, il doit rencontrer des clients et répondre à leurs besoins. Il aime beaucoup son travail, car il est très habile à entrer en relation avec les autres.»

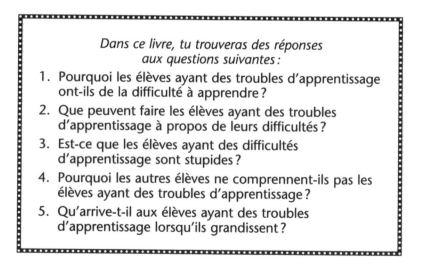

Dans ce livre, tu trouveras des réponses
aux questions suivantes :

1. Pourquoi les élèves ayant des troubles d'apprentissage ont-ils de la difficulté à apprendre?
2. Que peuvent faire les élèves ayant des troubles d'apprentissage à propos de leurs difficultés?
3. Est-ce que les élèves ayant des difficultés d'apprentissage sont stupides?
4. Pourquoi les autres élèves ne comprennent-ils pas les élèves ayant des troubles d'apprentissage?
5. Qu'arrive-t-il aux élèves ayant des troubles d'apprentissage lorsqu'ils grandissent?

Ce livre ne résoudra pas tous tes problèmes. Toutefois, nous pensons qu'il peut t'aider à mieux te comprendre. Il peut te donner quelques idées sur la façon de rendre l'école plus agréable pour toi. Il peut aussi t'aider à te préparer pour ton avenir.

Lorsque tu auras terminé de lire *Le guide de survie des jeunes ayant des troubles d'apprentissage*, peut-être aimerais-tu nous écrire. Cela nous fera plaisir d'avoir de tes nouvelles. Dis-nous comment ce livre a pu t'aider et suggère-nous des idées afin de l'améliorer.

Tu peux envoyer ta lettre à l'attention de Nadia Rousseau à l'adresse suivante :

Université du Québec à Trois-Rivières
Département des sciences de l'éducation
C.P. 500
Trois-Rivières (Québec) G9A 5H7

Ou nous envoyer un courrier électronique :
guidesurvie@uqtr.ca

LES SIX PLUS GRANDES PLAINTES DES JEUNES AYANT DES TROUBLES D'APPRENTISSAGE

Voici les six choses qui les dérangent le plus :

1

Personne ne nous explique ce qu'est un trouble d'apprentissage, alors nous passons beaucoup de temps à nous inquiéter et à chercher ce qui ne va pas avec nous.

2

Nous ne savons pas trop ce que nous devons faire à l'école.

3

Souvent, nos parents, nos enseignants et les autres élèves ne sont pas patients avec nous.

4

Nous n'avons pas beaucoup d'amis.

5

Les enfants nous taquinent souvent et nous nous attirons des ennuis.

6

Nous n'aimons pas nous faire traiter de débile ou de stupide.

Chapitre 1

Pourquoi certaines personnes ont-elles des troubles d'apprentissage?

Les personnes ayant des troubles d'apprentissage ne sont pas toutes pareilles. Certaines ont seulement quelques difficultés d'apprentissage, d'autres sont excellentes en lecture, mais elles ont beaucoup de difficulté en mathématiques. Plusieurs personnes éprouvent des difficultés dans toutes les matières; de l'écriture aux mathématiques, de la lecture à l'orthographe. Elles peuvent aussi avoir de la difficulté à se faire des amis.

Stéphanie raconte: «J'ai travaillé avec un garçon qui se nommait Jonathan. Jonathan était un enfant très intelligent qui avait des troubles d'apprentissage. Il éprouvait beaucoup de difficulté en écriture parce qu'il inversait les lettres. Toutefois, il était parmi les premiers de la classe en mathématiques.»

Stéphanie raconte encore : « Je me souviens d'une élève en 4ᵉ année. Marie réussissait bien en français, mais elle avait beaucoup de difficulté en mathématiques. Marie avait des troubles d'apprentissage. »

Personne ne connaît tout ce qu'il y a à savoir à propos des troubles d'apprentissage. Nous ne savons pas pourquoi les troubles d'apprentissage se présentent de façon si diversifiée. Nous ne savons pas non plus pourquoi certaines personnes ont des troubles d'apprentissage et d'autres non. Il semble y avoir plusieurs raisons.

Quelques raisons pouvant expliquer les troubles d'apprentissage

1. *Certains enfants ont appris moins de choses que d'autres enfants avant de commencer l'école.*

Certains enfants apprennent beaucoup de choses avant de commencer l'école. Ils apprennent parfois à lire, à écrire et à compter alors qu'ils ont seulement quatre ou cinq ans.

D'autres enfants n'en apprennent pas autant avant de commencer l'école. Ils sont en retard avant même d'avoir commencé. Ils ont alors besoin de rattraper les autres, ce qui peut être difficile à faire.

2. *Certains enfants ont de la difficulté à apprendre dès le début des apprentissages.*

Il peut être difficile pour eux d'apprendre à attraper une balle, de colorier à l'intérieur des lignes ou de comprendre les règles d'un jeu. Ils ont peut-être de la difficulté à apprendre à parler ou à comprendre ce que les autres personnes disent.

Lorsque ces enfants commencent l'école, les choses empirent. Soudainement, ils devraient savoir lire, écrire et compter. Ils essaient de lire, écrire et compter, mais ils ne savent pas comment y arriver. Certains d'entre eux trouvent cela très difficile de se rappeler les lettres et les chiffres. Tenir un crayon et écrire est aussi difficile.

Tu te souviens peut-être d'avoir vécu quelques-uns de ces problèmes. Comment te sentais-tu lorsque tu n'arrivais pas à faire comme les autres ? Y avait-il des choses que tu trouvais difficiles à faire alors que les autres enfants semblaient trouver cela amusant ?

---

3. *Parfois, les troubles d'apprentissage semblent se transmettre dans la famille.*

Si des enfants ont des tantes, des oncles ou des parents qui ont des troubles d'apprentissage, ces enfants pourraient aussi avoir des troubles d'apprentissage. Toutefois, il y a aussi plusieurs personnes ayant des troubles d'apprentissage qui semblent être les seules à en avoir dans leur famille.

4. *Certains enfants ayant des troubles d'apprentissage ont eu des problèmes lorsqu'ils étaient bébés.*

Et parfois même avant leur naissance. Peut-être leur mère était-elle malade ou peut-être y a-t-il eu des complications à la naissance ou alors, ils ont été très malades après leur naissance.

Certaines gens croient que cela pourrait entraîner des troubles d'apprentissage, mais personne n'en est certain.

Il semble y avoir plusieurs raisons qui pourraient expliquer les troubles d'apprentissage. Jusqu'à ce que nous puissions en savoir plus à ce sujet, voici tout ce que nous pouvons dire pour le moment : certains enfants ont de la difficulté à apprendre et personne ne sait exactement pourquoi.

De quelle façon les adultes découvrent-ils qu'un enfant a des troubles d'apprentissage?

Les élèves qui ont beaucoup de difficulté à apprendre prennent parfois du retard. Leur enseignant ou enseignante en parle alors à des spécialistes (orthopédagogue, orthophoniste, psychologue) ou à la direction de l'école et leur demande de l'aide.

Souvent, ces élèves participeront à des activités d'évaluation avec l'accord de leurs parents. Ces évaluations doivent être faites afin de savoir si ces élèves ont des troubles d'apprentissage. Si c'est le cas, ils et elles recevront plus facilement de l'aide au cours de leur cheminement scolaire.

Certains de ces élèves arrivent à rattraper leur retard. Ils n'auront plus alors à aller en orthopédagogie. Toutefois, la plupart des élèves ayant des troubles d'apprentissage auront

toujours besoin d'orthopédagogie pour les aider. Il est possible qu'ils apprennent toujours les choses différemment, même lorsqu'ils n'iront plus à l'école. Peut-être est-ce parce qu'ils voient et entendent les choses d'une manière différente.

Vois-tu et entends-tu les choses différemment des autres enfants ? Pour le savoir, pose-toi les questions suivantes :

1. Lorsque quelqu'un raconte une blague, est-ce que je ris au mauvais moment ? Ou encore, est-ce que je crois que la blague n'est pas drôle ?

2. Lorsque mon enseignant ou enseignante donne des consignes, est-ce que je me souviens seulement d'une partie ?

3. Lorsque j'essaie de lire, est-ce que les lettres semblent bouger tout autour de la page ?

4. Est-ce qu'il m'est difficile d'écouter mon enseignant ou enseignante à cause de tous les autres bruits de la classe, comme, par exemple, le bruit des lumières ou les crayons qui tombent ?

Es-tu un enfant qui a des troubles d'apprentissage ? Pourquoi penses-tu que tu as des troubles d'apprentissage ?

Peut-être cela passera-t-il et peut-être pas. Lis ce qui suit pour en savoir plus.

Chapitre 2

Pourquoi est-il difficile d'apprendre pour les enfants ayant des troubles d'apprentissage?

Pour t'aider à comprendre, nous allons commencer par te parler de tes oreilles. Ensuite, nous parlerons de tes yeux.

Ton audition

Le son voyage à travers l'air sous forme de vagues de sons. Ces vagues sont semblables aux vagues que tu vois sur l'eau, sauf que tu ne peux pas voir les vagues de sons; tu peux seulement les entendre.

Tes oreilles sont des machines qui peuvent entendre les vagues de sons. Ces vagues entrent dans ton oreille. L'oreille a un tympan et de petits os qui peuvent modifier les vagues de sons. Ils changent ces vagues en signaux que le cerveau peut comprendre. Ensuite, le son peut voyager jusqu'au cerveau.

Prenons, par exemple, l'aboiement d'un chien. L'aboiement voyage jusqu'à ton oreille par des vagues de sons. Celles-ci se rendent jusqu'à ton cerveau et ce dernier te dit que ce son est l'aboiement d'un chien.

Pour certains enfants ayant des troubles d'apprentissage, le cerveau ne comprend pas ce que l'oreille lui envoie. Lorsqu'un chien aboie, les vagues de sons atteignent l'oreille, mais le cerveau «entend» quelque chose d'autre ou encore il ne peut pas dire que le son provient du chien.

66

Lis ce que R.J. dit à propos des troubles d'apprentissage :

«Je n'entends pas bien. Je ne parle pas bien.
Je n'écris pas bien. Parfois, c'est dur de trouver la bonne réponse. C'est difficile d'apprendre.»

R.J., 11 ans

99

Ta vision

Tes yeux décodent tout ce que tu regardes. Tout comme tes oreilles, ils ont une façon spéciale d'envoyer au cerveau ce qu'ils ont décodé. C'est le cerveau qui doit t'aider à comprendre ce que tu vois.

Supposons que tu regardes le mot LIRE. Tes yeux voient les lettres L I R E. Si tu as de bons yeux, tu les verras clairement. Tes yeux envoient ces quatre lettres à ton cerveau. Celui-ci doit ensuite décider que ces quatre lettres forment le mot LIRE. Imagine-toi un enfant lisant un livre.

Pour certains enfants ayant des troubles d'apprentissage, les yeux peuvent voir le mot LIRE, mais ce mot ne se rendra jamais au cerveau. L'enfant voit autre chose à la place du mot LIRE. Il peut voir les lettres bouger sur le papier ou encore les voir toutes embrouillées d'une drôle de manière.

Josée, une des élèves de Stéphanie qui avait des troubles d'apprentissage, raconte qu'il lui était difficile de lire. Elle n'arrivait pas à reconnaître les lettres, comme si elles changeaient de forme chaque fois qu'elle les regardait. Parfois, les lettres étaient à l'envers et d'autres fois, non… Parfois, les lettres semblaient bouger sur le papier.

As-tu de la difficulté à lire ? Peut-être est-ce parce que ton cerveau n'arrive pas à te donner les bons mots. Tes yeux voient bien, ils fonctionnent comme les yeux des autres personnes, mais ton cerveau « voit » les mots différemment.

Façons d'apprendre – même si ton cerveau fonctionne différemment.

D'autres problèmes peuvent surgir lorsqu'un cerveau fonctionne différemment. Certains enfants ayant des troubles d'apprentissage n'ont pas la notion du temps. D'autres n'ont pas un bon équilibre corporel. Certains ne comprennent pas ce que les autres personnes veulent ou ce qu'elles ressentent. D'autres encore entendent et voient tout ce qui se passe au même moment. Il leur est alors difficile de se concentrer sur une chose à la fois.

Comment peux-tu apprendre si ton cerveau fonctionne différemment ? Le personnel de l'école connaît différentes façons de t'aider. Si lire est difficile pour toi, peut-être pourrais-tu écouter des histoires enregistrées. Si tu peux lire, mais que tu as de la difficulté à comprendre ce que ton enseignant ou enseignante, ou tes parents te disent, ils pourraient peut-être te l'écrire sur une feuille. Il y a plusieurs façons d'apprendre !

Si tu ne comprends pas ce que tu vois ou ce que tu entends, dis-le à tes enseignants ou enseignantes. Demande-leur de t'aider à trouver d'autres façons d'apprendre. Alors, tu pourras apprendre ce que les autres enfants apprennent. Tu le feras simplement à ta propre manière.

D'AUTRES FAÇONS D'APPRENDRE

Voici quelques idées sur d'autres façons d'apprendre. Ton enseignant ou enseignante peut t'aider à en trouver plus.

☛ Demande à un ami ou une amie de t'aider.

☛ Lorsque tu apprends de nouveaux mots, trace-les avec ton doigt en même temps que tu les lis.

☛ Fabrique une fenêtre en découpant dans une bande de papier. Place cette fenêtre vis-à-vis des mots que tu lis.

☛ Lis à voix haute au lieu de lire silencieusement.

☛ Construis une maquette ou fais un dessin au lieu d'écrire un résumé (mais demande tout d'abord à ton enseignant ou enseignante s'il ou elle est d'accord).

☛ Demande à ton enseignant ou enseignante de faire moins de problèmes mathématiques sur une page. Peut-être pourrait-il ou elle mettre cinq problèmes par page sur quatre pages au lieu de vingt problèmes sur une page.

☛ Utilise des cure-dents, de la monnaie ou tout autre objet pour te pratiquer à additionner et soustraire des nombres.

☛ Écris tes problèmes mathématiques sur des feuilles quadrillées afin de t'aider à aligner les nombres correctement.

☛ Apprends à utiliser un ordinateur pour écrire.

SOUVIENS-TOI : SI TU AS BESOIN D'AIDE, DEMANDE-LE !

Demande à ton enseignant ou enseignante et à tes parents. Ne garde pas le secret.

La partie POUR LES PARENTS, ET LES ENSEIGNANTS ET ENSEIGNANTES : Ressources suggérées, à la fin de ce livre, t'offre plusieurs ressources qui peuvent t'aider à apprendre. Montre ces pages à tes parents et à tes enseignants et enseignantes.

Chapitre 3

Cinq types de troubles d'apprentissage

Maintenant, tu connais quelques raisons qui expliquent pourquoi certaines personnes ont des troubles d'apprentissage. Tu sais aussi pourquoi il peut être difficile d'apprendre pour des enfants qui ont des troubles d'apprentissage.

Savais-tu qu'il existe cinq types de troubles d'apprentissage? En lisant ce qui suit, tu comprendras mieux les troubles d'apprentissage. Nous te raconterons aussi l'histoire d'enfants que nous connaissons qui avaient ces sortes de troubles d'apprentissage.

1. Troubles d'apprentissage liés aux travaux scolaires

Les enfants ayant ce type de trouble d'apprentissage ont de la difficulté à apprendre à lire, à écrire et à faire des mathématiques. Ils peuvent parfois être capables de bien apprendre dans une de ces matières, mais pas dans les autres. Toutefois, ces enfants réussissent bien dans d'autres domaines tels qu'en arts, dans les sports, pour réparer des objets ou pour se faire des amis.

Nadia raconte : « Un jour, j'ai eu à intervenir auprès d'un élève qui s'appelait Éric. À l'école, ses enseignantes trouvaient qu'Éric avait beaucoup de difficulté en lecture et en écriture. Elles trouvaient aussi qu'il manquait de motivation pour compléter ses travaux. Toutefois, ma rencontre avec Éric m'a permise de constater qu'il avait un sens de l'humour incroyable, un très grand respect des autres élèves de sa classe, en plus d'être excellent dans les arts. Bien que le chemin n'ait pas toujours été facile, Éric a aujourd'hui terminé son secondaire. Il gagne maintenant sa vie grâce à sa peinture.»

2. Troubles d'apprentissage liés à la parole et à l'écoute

Les enfants ayant ce type de trouble d'apprentissage ont de bonnes idées, mais ils n'arrivent pas à trouver les bons mots pour partager leurs idées avec les autres personnes.

Ils entendent les gens dire des mots, mais ils ont de la difficulté à comprendre la signification de ces mots. Certaines personnes pensent parfois que ces enfants n'écoutent pas.

Il arrive que les enfants ayant cette sorte de trouble d'apprentissage demandent aux gens de répéter ce qu'ils viennent de dire. Parfois, ces gens se fâchent ou rient d'eux.

Nous connaissons un garçon qui se nomme Keven. Un jour, son enseignante expliquait les différentes raisons pour lesquelles on pouvait écrire une lettre (d'affaires, personnelle, incitative, etc.). Elle demande ensuite aux élèves de nommer différentes lettres et Keven répond que la première lettre de l'alphabet est « A ». Tous les élèves ont ri. Keven a ri, lui aussi, mais il ne comprenait pas ce qui était si amusant dans ce qu'il venait de dire.

▼━━━━━━━━━━━━━━━━━━━━━━▼

Trois termes sont utilisés pour les troubles d'apprentissage liés à la parole et à l'écoute : dysphasie, audimutité ou trouble du langage.

▲━━━━━━━━━━━━━━━━━━━━━━▲

3. Troubles d'apprentissage liés à l'attention

Certains enfants ont de la difficulté à porter attention en classe ou ailleurs. Ils ont plusieurs idées en tête au même moment. L'enseignant ou l'enseignante parle, mais ce qu'il ou elle dit leur rappelle autre chose. Ils entendent aussi tous les autres bruits de la classe. Ils n'arrivent pas à empêcher toutes leurs idées d'entrer dans leur tête. C'est pour cette raison qu'ils finissent par penser à plusieurs choses en même temps.

Nadia se souvient : « Lors d'une rencontre où nous discutions de nos forces et de nos faiblesses, Cynthia avait beaucoup de difficulté à participer à nos échanges, car il y avait trop d'interactions en même temps. Elle parlait de son chat ou de son oiseau, mais pas du sujet principal. Après plusieurs tentatives pour la ramener au sujet, j'ai demandé à tous les élèves du groupe de bien vouloir écouter en silence les forces et les faiblesses de Cynthia. Ce faisant, comme tout le monde écoutait Cynthia, cela lui a permis de se recentrer sur le sujet. »

▼━━━━━━━━━━━━━━━━━━━━━━━━━━▼

Le nom officiel utilisé pour les troubles d'apprentissage liés à l'attention est « trouble déficitaire de l'attention ».

▲━━━━━━━━━━━━━━━━━━━━━━━━━━▲

4. Troubles d'apprentissage liés à la motricité

Plusieurs élèves ayant des troubles d'apprentissage se déplacent lentement. Ils ont de la difficulté à tenir un crayon dans leur main et leur écriture est difficile à lire. Parfois, ils obtiennent de mauvais résultats parce que leur travail n'est pas propre. Certains de ces enfants ne sont pas bons dans les jeux et dans les sports ; souvent, ils sont les derniers à être choisis dans une équipe. D'autres élèves peuvent les taquiner et les traiter de maladroits.

Nous connaissons un élève ayant des troubles d'apprentissage qui se nomme David. Il éprouvait beaucoup de difficulté à bien écrire et il devait effacer régulièrement, ce qui rendait souvent ses travaux très malpropres. David est maintenant bien content parce qu'il peut utiliser l'ordinateur pour faire ses travaux.

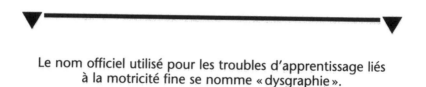

Le nom officiel utilisé pour les troubles d'apprentissage liés à la motricité fine se nomme « dysgraphie ».

5. Troubles d'apprentissage liés aux émotions

Quelques enfants ayant des troubles d'apprentissage ont de la difficulté à comprendre les sentiments des autres personnes.

Les gens montrent souvent leurs sentiments par leurs actions. Ils envoient des « signaux » avec leur corps, leur voix et les mots qu'ils utilisent. Pour la plupart des gens, un froncement de sourcil est un « signal » qui indique qu'une personne n'est pas contente. Une voix en colère signifie « Attention ! ».

Les élèves ayant ce type de trouble d'apprentissage ne peuvent pas comprendre ces « signaux ». Ils ne peuvent pas dire comment les autres personnes se sentent.

Stéphanie se souvient d'avoir vu deux élèves qui jouaient à la «tag» dans la cour pendant la récréation. À un moment donné, un des garçons n'avait plus envie de jouer et il l'a dit à son ami. Ce dernier continuait quand même de lui courir après et de le pousser. Son ami lui a redit en fronçant les sourcils et d'une voix fâchée qu'il ne voulait plus jouer. Le garçon ne comprenait pas et continuait son jeu. Finalement, son ami s'est impatienté et l'a poussé en lui criant d'arrêter. Le garçon n'a pas compris pourquoi son ami était fâché.

▼ ━━━━━━━━━━━━━━━━━━━━━━━━━━━━━━━━━ ▼

Une des conséquences possibles des troubles d'apprentissage est une difficulté concernant les habiletés sociales.

▲ ━━━━━━━━━━━━━━━━━━━━━━━━━━━━━━━━━ ▲

Quel type de trouble d'apprentissage penses-tu avoir?
As-tu plus qu'une sorte de trouble d'apprentissage?

Chapitre 4

Comment le terme « trouble d'apprentissage » est-il apparu ?

Il y a plusieurs années, personne ne disait : « Celui-ci a des troubles d'apprentissage. » Toutefois, il y avait quand même des enfants intelligents qui éprouvaient des difficultés à apprendre. Leurs parents voulaient les aider, car ils savaient que leurs enfants étaient intelligents et qu'ils pouvaient apprendre. Ils voulaient que les enseignantes et d'autres personnes trouvent des moyens pour les aider.

Partout au pays, les parents ont commencé à parler aux enseignants et enseignantes, et aux directions d'école. Bientôt, tous ces parents se sont rencontrés et ont commencé à travailler ensemble.

En 1966, des parents de Montréal se sont regroupés pour fonder une association. Ensemble, ils ont trouvé des spécialistes qui comprenaient les difficultés de leurs enfants et qui pouvaient les aider. C'est ce groupe qui a fait reconnaître le trouble d'apprentissage. Ils ont décidé de nommer leur association AQETA*. Cette dernière s'assure que leurs enfants reçoivent l'aide dont ils ont besoin.

Cette association voulait aussi expliquer aux autres personnes ce qu'était un trouble d'apprentissage. Elle voulait aussi établir des critères qui permettraient d'identifier clairement une personne ayant des troubles d'apprentissage et une personne qui n'en a pas.

---

*AQETA signifie « Association québécoise pour les troubles d'apprentissage ». Ce groupe s'adresse autant aux enfants qu'aux adultes ayant des troubles d'apprentissage. Pour en savoir plus, vous pouvez communiquer avec l'AQETA : 284, rue Notre-Dame Ouest, suite 300, Montréal (Québec) Canada, H2Y 1T7. Téléphone : (514) 847-1324. L'AQETA est une filiale provinciale de la TAAC (Trouble d'apprentissage-Association canadienne) : 323 rue Chapel, Ottawa (Ontario) Canada, K1N 7Z2. Téléphone : (613) 238-5721. Télec. : (613) 235-5391. Courriel : information@ldac-tacc.ca

Ce fut une tâche difficile. Finalement, ils ont démontré que les personnes ayant des troubles d'apprentissage sont aussi intelligentes que les autres. Ils apprennent simplement d'une manière différente. Certains élèves ayant des troubles d'apprentissage sont très intelligents, parfois même doués.

▼ ———————————————————————————— ▼

Troubles d'apprentissage

« Désigne un ensemble de troubles causés par une dysfonction détectée ou non du système nerveux central. La personne qui en est atteinte peut être dotée d'une intelligence moyenne et même supérieure à la moyenne. Le trouble d'apprentissage se manifeste par des retards et/ou des difficultés sur le plan de la mémoire, de la coordination, de la communication, de la lecture, de l'écriture, du calcul, de la sociabilité, de la maturité, etc. Le déficit d'attention/hyperactivité et la dyslexie en sont des exemples bien connus. »

▲ ———————————————————————————— ▲

As-tu déjà pensé que tu avais une déficience intellectuelle ?
Maintenant, tu sais que tu n'en as pas.
Tu as des troubles d'apprentissage, c'est-à-dire que tu apprends différemment.

Cela ne signifie toutefois pas que tu trouveras cela facile à l'école. Cela signifie que tu peux apprendre. Que cela soit facile ou difficile dépend de plusieurs facteurs : l'aide reçue, la compréhension des troubles d'apprentissage, la communication famille-école, etc. La bonne nouvelle est la suivante : tu es aussi intelligent ou intelligente que les autres enfants ! Tu peux apprendre ce qu'ils et elles peuvent apprendre !

Pour ce faire, tu dois savoir ceci : tu apprends différemment. Trouve une manière différente et ensuite, tu pourras apprendre !

Comment les classes pour élèves en difficulté d'apprentissage sont-elles apparues ?

Plusieurs choses se sont passées depuis la première rencontre à Montréal. De nombreuses personnes ont entendu parler des troubles d'apprentissage. Les enseignants et enseignantes qui voulaient aider les enfants ayant des troubles d'apprentissage ont écrit des livres qui expliquaient des façons d'enseigner à ces élèves.

Les écoles ont ensuite formé des classes spéciales pour les enfants ayant des troubles d'apprentissage. Habituellement, ces classes étaient plus petites. Il y avait un enseignant ou une enseignante pour seulement dix à douze élèves par classe. Les enseignants utilisaient différentes manières pour aider les élèves ayant des troubles d'apprentissage à apprendre.

Les psychologues ont mis sur pied des tests qui permettaient d'identifier les enfants ayant des troubles d'apprentissage et ceux qui n'en avaient pas. Les élèves dont les enseignants croyaient qu'ils et elles pouvaient avoir des troubles d'apprentissage étaient évalués. Si le psychologue croyait que l'élève avait des troubles d'apprentissage, celui-ci était envoyé dans une classe pour difficulté d'apprentissage.

Psychologue
Signifie « personne qui étudie l'esprit et son fonctionnement ». Les psychologues évaluent les élèves afin de savoir s'ils ont des troubles d'apprentissage. Ils peuvent aussi aider les enfants ayant des troubles d'apprentissage à trouver de nouvelles façons d'apprendre.

Une politique pour les élèves ayant des besoins particuliers

Cependant, il arrivait parfois qu'un élève soit placé dans une classe spéciale par erreur. Peut-être apprenait-il d'une manière différente parce qu'il parlait une langue différente ou parce qu'il avait un bagage culturel différent. Plusieurs personnes ont commencé à se demander si ces élèves étaient à leur place dans les classes pour enfants ayant des difficultés d'apprentissage.

Finalement, quelques parents sont allés en cour. Les parents ont demandé à la commission scolaire d'intégrer leur enfant dans une classe régulière. De plus, ils ajoutaient que cela contrevenait à l'article 10 de la Charte des droits et liberté de la personne qui mentionne qu'on ne pouvait pas exclure un ou une élève de la classe régulière. La commission scolaire pour sa part désirait maintenir leur enfant dans une classe spéciale.

En 1999, une nouvelle politique de l'adaptation scolaire a été publiée. Elle est importante pour plusieurs raisons :

- Elle veut aider les élèves ayant des troubles d'apprentissage à réussir à l'école ;
- Elle privilégie l'intégration des élèves dans des classes ou groupes ordinaires ;
- Elle mentionne qu'il est important que l'élève reçoive de l'aide dans le milieu le plus naturel possible ;
- Elle souligne l'importance d'une collaboration de toute la communauté pour aider l'élève à réussir.

Qu'est-ce qui est prévu pour les enfants ayant des troubles d'apprentissage ?

Suite aux recours juridiques des parents, plusieurs élèves ayant des troubles d'apprentissage ont été placés dans des classes régulières. Ils quittaient parfois leur classe régulière pour se rendre à un local nommé « Orthopédagogie ». L'orthopédagogue les aidait dans ce qu'ils et elles apprenaient dans leur classe régulière.

Local d'orthopédagogie
Signifie « endroit où les élèves ayant des besoins particuliers vont une partie de la journée afin d'obtenir de l'aide dans ce qu'ils apprennent ».

La plupart des gens ont pensé que c'était la meilleure solution. Ils ont cru que les enfants ayant des troubles d'apprentissage préféreraient être dans la même classe que les enfants n'ayant pas de troubles d'apprentissage. Placer des enfants ayant des troubles d'apprentissage dans une classe régulière s'appelle «intégration».

Intégration
Signifie «placer des élèves ayant des besoins particuliers (y compris les élèves ayant des troubles d'apprentissage) dans une classe régulière pendant toute ou une partie de la journée».

L'intégration est une bonne chose pour plusieurs élèves ayant des troubles d'apprentissage. Ils vont dans une classe régulière et obtiennent de l'aide en orthopédagogie. De plus, cela leur permet d'aller à l'école avec des amis de leur âge et de participer pleinement à la vie de leur école. Certains enfants préfèrent être dans une petite classe puisqu'ils ont besoin durant toute la journée d'apprendre à lire, à écrire et à faire des mathématiques de façons différentes. Cependant, lorsque ces élèves maîtrisent bien les stratégies d'apprentissage qui leur conviennent, ils peuvent retourner avec succès dans une classe régulière.

L'histoire de Mathieu

Mathieu a huit ans. Il va en orthopédagogie trois heures par semaine. Il a des amis qui ont des troubles d'apprentissage et d'autres amis qui n'en ont pas. Il éprouve des difficultés en lecture et en écriture, mais il réussit bien dans les autres matières. Mathieu aime beaucoup le ski et il fait des compétitions. L'orthopédagogue l'aide en lecture et en écriture.

L'histoire de Myriam

Myriam a le même âge que Mathieu. Ce n'est pas facile de la comprendre lorsqu'elle parle. Elle éprouve des difficultés en français et en mathématiques. Parfois, les élèves de la classe régulière lui disent qu'elle n'est pas bonne. Myriam est maintenant dans une classe spéciale durant toute la journée. De cette façon, elle a une aide spéciale pour tous ses travaux scolaires. Elle pourra retourner dans une classe régulière lorsqu'elle aura appris à mieux connaître sa façon d'apprendre et les stratégies qui peuvent l'aider.

L'enseignant ou l'enseignante d'une classe spéciale pour les élèves ayant des troubles d'apprentissage fait plus qu'aider les enfants avec leurs travaux scolaires. Cet enseignant ou cette enseignante aide les élèves à mieux écouter, parler, écrire et même à se faire des amis plus facilement. Au fur et à mesure que les enfants ayant des troubles d'apprentissage apprennent à faire ces choses, ils peuvent passer moins de temps avec cette enseignante et plus de temps dans une classe régulière.

Pour certains enfants ayant des troubles d'apprentissage, la classe spéciale est un endroit plus tranquille où il est plus facile de se concentrer. C'est aussi un endroit où l'on accepte les différences d'apprentissage.

Chapitre 5

Suivre un programme pour les troubles d'apprentissage

La Loi sur l'instruction publique affirme que tous les enfants, peu importe le niveau de difficulté qu'ils éprouvent, ont le droit de fréquenter l'école. Elle mentionne que tous les enfants doivent recevoir un enseignement dans une classe qui les aidera à apprendre.

Cette loi s'adresse aussi aux enfants ayant des troubles d'apprentissage. Leurs parents se sont assurés qu'ils ne soient pas mis de côté.

Les enfants ayant des troubles d'apprentissage ne sont pas les seuls à avoir des besoins particuliers.

En fait, le MEQ (ministère de l'Éducation du Québec) a classé en quatre catégories les enfants ayant des besoins spécifiques et qui reçoivent de l'aide.

Quatre catégories de besoins spécifiques

1. Difficulté d'adaptation ou d'apprentissage

Cela signifie «façon d'agir ou de se sentir qui est problématique et façon d'apprendre qui est différente».

Tous les enfants sont parfois dans la lune ou ont de la difficulté à bien s'entendre avec les autres à l'école. Toutefois, les enfants pour qui cela arrive tout le temps ont besoin d'une aide spéciale. Dès notre naissance, nous avons des traits de personnalité qui nous sont propres. C'est pourquoi, certains bébés pleurent souvent et avec force, alors que d'autres dorment paisiblement durant une longue période. De la même façon, certains enfants ont plus de difficulté à contrôler leurs réactions face à différentes émotions (colère, tristesse, peur, etc.). Ces jeunes vivent des difficultés de comportement. D'autres facteurs peuvent influencer le comportement d'une personne, tels que des événements stressants vécus au sein de la famille ou de l'école.

Certains enfants éprouvent des troubles d'apprentissage. Ils ont besoin d'apprendre les choses différemment, bien qu'ils soient aussi intelligents que les autres. Tu pourras en savoir plus en poursuivant la lecture de ce livre.

2. *Déficience intellectuelle moyenne à profonde*

Cela signifie «lenteur d'apprentissage et difficulté d'adaptation». Une personne ayant une déficience intellectuelle aura besoin de plus de temps pour apprendre. Elle aura aussi besoin que l'on adapte son environnement.

3. *Déficience motrice légère ou organique ou déficience langagière*

Une déficience motrice légère signifie «éprouver des difficultés à faire certaines tâches manuelles». Comme, par exemple, un élève peut avoir de la difficulté à découper avec des ciseaux.

Une déficience organique signifie «éprouver des difficultés d'apprentissage à cause d'une maladie et de ses conséquences». Par exemple, un élève qui a la leucémie.

Une déficience langagière signifie «éprouver des difficultés à parler ou à comprendre ce qui est dit». Certains troubles d'apprentissage peuvent faire partie de cette catégorie.

4. *Déficience physique grave*

Comme, par exemple, une personne qui doit se déplacer en fauteuil roulant, qui ne peut pas voir (déficience visuelle) ou qui ne peut pas entendre (déficience auditive).

Comment la loi fonctionne-t-elle?

La loi indique au personnel de ton école comment identifier les enfants ayant des troubles d'apprentissage et comment aider les élèves qui ont des difficultés (classe spéciale, classe régulière avec soutien, etc.). Pour chaque élève ayant des troubles d'apprentissage, cela peut se passer différemment.

L'histoire de Maxime

Lorsque Maxime avait neuf ans, sa mère l'a amené chez le médecin pour vérifier son audition. Maxime disait qu'il avait de la difficulté à comprendre ce que son enseignante disait en classe. Le médecin a vérifié les oreilles de Maxime et son audition était bonne. Il lui a ensuite demandé si tout allait bien à l'école. Quand Maxime lui a dit que c'était difficile, le médecin l'a questionné à propos de ses travaux scolaires. Il a aussi posé des questions à la mère concernant Maxime lorsqu'il était plus jeune.

Le médecin a pensé que Maxime avait peut-être des troubles d'apprentissage. Il a référé Maxime à un pédopsychiatre afin qu'il puisse se faire évaluer. Maxime y est allé et les résultats ont démontré qu'il avait des troubles d'apprentissage.

L'histoire d'Audrey

Audrey avait aussi neuf ans lorsque son enseignante est allée rencontrer l'orthopédagogue de l'école. Elle trouvait qu'Audrey éprouvait beaucoup de difficulté en français. Avec l'accord de ses parents, ils ont décidé de l'évaluer. Les résultats ont montré qu'Audrey avait des troubles d'apprentissage. Elle a alors reçu de l'aide en français avec l'orthopédagogue.

Comment en es-tu venu à suivre un programme pour les troubles d'apprentissage?

Tu viens de lire l'histoire d'Audrey et de Maxime. Des enfants suivent différents programmes pour les troubles d'apprentissage et pour différentes raisons.

Comment en es-tu venu à suivre un programme pour les troubles d'apprentissage? Peut-être que ton histoire ressemble à celle-ci:

Tout d'abord, ton enseignant ou enseignante a peut-être remarqué que tu éprouvais quelques difficultés pour apprendre. Il ou elle a envoyé un message à tes parents qui leur demandait si d'autres personnes de l'école pouvaient te rencontrer afin d'essayer de t'aider.

Si tes parents étaient d'accord, tu es probablement allé dans un autre local où tu as passé des évaluations. Te souviens-tu de ces évaluations? Peut-être t'a-t-on demandé de faire des formes avec des blocs ou de reproduire des formes que tu voyais sur des cartes. Peut-être as-tu répété des chiffres ou mis des images en ordre afin de faire une histoire. Tu as aussi eu des évaluations en mathématiques, en lecture et en écriture.

La personne qui t'a évalué était peut-être une psychologue ou une orthopédagogue. Une autre personne a probablement vérifié tes yeux et tes oreilles afin de savoir s'ils fonctionnaient correctement. Quelqu'un d'autre est peut-être venu t'observer dans ta classe afin de savoir comment tu écoutais les consignes, portais attention et comment tu travaillais. Il est possible que tu n'aies même pas remarqué la présence de cette personne dans ta classe.

À la suite de ces évaluations, ton enseignant ou enseignante et les personnes qui t'ont évalué se sont rencontrés afin de décider si tu devais aller dans une classe spéciale pour les difficultés d'apprentissage ou demeurer dans une classe régulière.

Tu ne peux pas aller dans une classe pour les troubles d'apprentissage si tu as une déficience intellectuelle. Tu ne peux pas aller dans cette classe si tu as des troubles de comportement, si tu as des problèmes avec tes yeux ou tes oreilles ou si tu n'as pas eu la chance d'apprendre. Avant que tu sois accepté dans une classe pour les troubles d'apprentissage, les évaluations doivent démontrer que tu as des troubles d'apprentissage et que tes difficultés scolaires ne sont pas dues à d'autres raisons.

Si ton enseignant ou enseignante et les personnes qui t'ont évalué ont cru que tu avais besoin d'une aide plus particulière, ils t'ont rencontré, tes parents et toi, afin d'établir un plan d'intervention personnalisé (PIP). Cette réunion permet de décider ce que tu devrais apprendre et de quelle manière on te l'enseignera. Ensemble, ils ont bâti un plan spécialement pour toi.

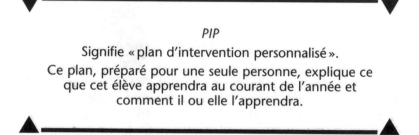

PIP

Signifie « plan d'intervention personnalisé ».

Ce plan, préparé pour une seule personne, explique ce que cet élève apprendra au courant de l'année et comment il ou elle l'apprendra.

Une rencontre pour le PIP est organisée chaque année pour chacun des élèves ayant des troubles d'apprentissage. Si un élève est dans une classe spéciale, on l'évalue à nouveau tous les trois ans afin de vérifier s'il y a toujours sa place. Parfois, la classe spéciale peut t'aider à développer tes stratégies d'apprentissage. Une fois qu'elles sont bien développées, ces stratégies te permettent de mieux fonctionner en classe régulière. Dans certaines écoles, les stratégies sont enseignées en classe régulière. Ceci te permet de rester avec ton groupe d'amis.

66

Lis ce que Sébastien a à dire à propos de sa classe spéciale pour les troubles d'apprentissage :

« La classe pour les troubles d'apprentissage offre plus d'aide que les autres classes. C'est pour cette raison que j'y vais. Les autres enfants ne se moquent pas de moi. »

Sébastien, 10 ans

99

Nadia raconte : « En début d'année, Julie est arrivée dans une classe spéciale pour les troubles d'apprentissage. Elle était très en retard en mathématiques. Alors qu'elle était en 4e année, elle n'arrivait pas à résoudre des problèmes de 2e année. Après un an de travail sur l'apprentissage et ses façons d'apprendre, Julie a réussi ses mathématiques sans difficulté. Même qu'à la dernière évaluation, elle arrivait à résoudre des problèmes de 5e année. Elle est alors retournée en classe régulière. »

Chapitre 6
Tu n'es pas stupide !

Peut-être que les autres enfants te traitent de «stupide» parce que tu éprouves des difficultés ou parce que tu fréquentes une classe pour les élèves ayant des troubles d'apprentissage. Certains enfants moqueurs ne réalisent pas la peine qu'ils provoquent et certains se moquent parce qu'ils ne comprennent pas les difficultés des autres.

> *Lis ce que Laura fait lorsque des enfants se moquent d'elle :*
> «Parfois, des enfants disent que tu es stupide parce que tu vas dans une classe pour les jeunes ayant des troubles d'apprentissage. Je leur dis qu'ils se trompent ou je les ignore.»
>
> *Laura, 12 ans*

Les moqueries des autres enfants peuvent te rappeler que tu as des troubles d'apprentissage. Parfois, il t'arrive peut-être même de te demander si tu es stupide, idiot ou idiote, pas assez intelligent ou intelligente, etc. Si tu te demandes cela, voici quelques questions que tu peux te poser. Elles t'aideront, d'une certaine manière, à comprendre que tu n'es ni stupide, ni idiot ou idiote ni pas assez intelligent ou intelligente.

À quel point es-tu intelligent ou intelligente?

Souviens-toi, tu dois être aussi intelligent ou intelligente que les autres enfants pour avoir des troubles d'apprentissage. Certains enfants ayant des troubles d'apprentissage sont même plus intelligents que la plupart des gens. Il arrive qu'ils fréquentent alors une classe pour les troubles d'apprentissage en même temps qu'une classe pour les élèves doués.

Tu peux apprendre ce que les autres enfants apprennent; seulement, tu apprends différemment.

À quel point peux-tu apprendre?

Si tu es un enfant qui a des troubles d'apprentissage, tu vis peut-être des hauts et des bas lorsque tu apprends des choses.

Certains jours, il peut t'être difficile d'apprendre des notions nouvelles comme, par exemple, de multiplier des nombres. Tu essaies et essaies encore, mais tu n'arrives pas à comprendre. Puis, un jour, tu comprends tout d'un coup! Tu fais ensuite dix problèmes mathématiques et TU LES RÉUSSIS TOUS!

Les élèves ayant des troubles d'apprentissage peuvent apprendre certaines matières scolaires plus lentement que d'autres. Toutefois, ils et elles peuvent apprendre d'autres choses tout aussi bien et peut-être mieux que les autres enfants.

Quel type de classe fréquentes-tu ?

Plusieurs élèves ayant des troubles d'apprentissage fréquentent une classe régulière. Ils apprennent les mêmes choses que les autres enfants. Ils vont en orthopédagogie ou dans une classe ressource pour obtenir plus d'aide dans certaines matières seulement.

Qu'arrivera-t-il lorsque tu auras terminé l'école ?

Plusieurs enfants ayant des troubles d'apprentissage trouvent l'école difficile. Toutefois, avec de l'aide, la plupart d'entre eux arrivent à terminer leurs études, trouver un emploi, se marier et avoir des enfants. Certains vont même à l'université. En d'autres mots, les enfants ayant des troubles d'apprentissage grandissent et deviennent indépendants comme tout le monde.

Indépendant
Cela signifie « être capable de vivre seul
et de s'occuper de soi ».

Es-tu capable d'apprendre?

Même si cela est difficile pour toi d'apprendre, tu es capable de le faire. Tu apprends simplement les choses différemment. Tu peux apprendre certaines choses lentement et d'autres rapidement, mais tu peux apprendre presque n'importe quoi.

Ce qui différencie une personne ayant des troubles d'apprentissage d'une personne ayant une déficience intellectuelle, c'est, entre autres, le rythme d'apprentissage. Toi, tu peux être très bon en mathématiques et éprouver plus de difficulté en français. Si tu avais une déficience intellectuelle, tu éprouverais des difficultés dans l'ensemble des matières scolaires.

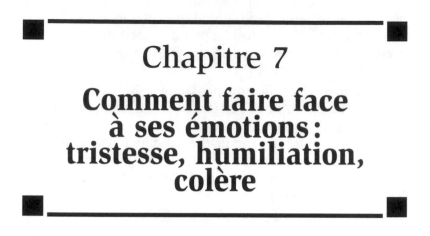

Chapitre 7

Comment faire face à ses émotions : tristesse, humiliation, colère

Stéphanie raconte : « Il y a un certain temps, les parents d'un garçon nommé Jérémie sont venus me rencontrer. Ils m'ont appris que Jérémie, qui avait huit ans, ne voulait pas aller à l'école. Il pleurait presque tous les matins et il ne voulait pas prendre l'autobus scolaire. Sa mère était alors obligée d'aller le conduire en auto. Dans la classe, Jérémie avait l'air sombre et il ne parlait presque pas. Ses parents et son enseignante ont affirmé qu'il avait des amis et qu'il aimait beaucoup jouer au soccer pendant la récréation. Jérémie ne disait pas pourquoi il n'aimait pas l'école. J'ai discuté avec Jérémie et il a commencé à venir me rencontrer en orthopédagogie. Suite à des évaluations, nous avons découvert que Jérémie avait des troubles d'apprentissage. J'ai continué à travailler avec lui et il a aussi rencontré quelqu'un afin de l'aider à parler de ses émotions.

« Depuis que Jérémie a de l'aide particulière à l'école et qu'il apprend à exprimer ses émotions, il est plus heureux. En fait, sa mère m'a dit qu'il avait maintenant hâte d'aller à l'école ! »

Pourquoi les enfants ayant des troubles d'apprentissage ressentent-ils ces émotions ?

Plusieurs enfants ayant des troubles d'apprentissage deviennent tristes. Ils pensent qu'ils n'apprennent pas assez vite. Certains d'entre eux ont de la difficulté à bien s'entendre avec les gens à l'école ou encore ils ont de la difficulté à rester assis sans bouger. Il arrive que les autres élèves se moquent de ce qu'ils disent ou font. Alors, les personnes ayant des troubles d'apprentissage se sentent tristes, blessées ou en colère.

66

Lis ce que ces élèves ont à dire:
« Je n'aime pas avoir des troubles d'apprentissage.
Ça me met en colère. Je n'aime pas la façon dont je parle. »

Michel, 11 ans

« Je deviens frustrée lorsque je ne réussis pas
malgré tous mes efforts. »

Rachel, 9 ans

« Les enfants sont méchants avec moi. Ils me traitent de
"stupide". Mes frères me taquinent tout le temps sur ma
façon de parler. Je me fâche parce que j'ai un problème. Je
n'aime pas ça. J'aimerais être comme les autres enfants. »

Sébastien, 11 ans

« Je n'arrive pas à apprendre aussi vite que les autres.
Pourtant, ce n'est pas parce que je ne fais pas d'efforts. »

Julie, 10 ans

99

Quand les enfants se sentent tristes, blessés et en colère, ils pleurent parfois et disent qu'ils ne veulent pas aller à l'école, comme Jérémie. Ou encore, ils peuvent se sentir mal (mains moites, maux de tête). Certains enfants peuvent se fâcher contre leurs parents, leurs enseignants ou enseignantes, frères et sœurs ou contre d'autres enfants. D'autres cherchent les ennuis et n'essaient plus de faire leurs travaux scolaires.

Parfois, on dirait que personne ne comprend ou s'intéresse à ce qui se passe. Les autres enfants ne comprennent pas. Les enseignants et enseignantes ne comprennent pas. Les parents ne comprennent pas.

Souvent, les personnes ayant des troubles d'apprentissage ne comprennent pas pourquoi ils se sentent tristes, blessés ou en colère. L'enseignant ou enseignante, ou un parent dit: « Pourquoi as-tu jeté ce livre? » Et l'enfant ayant des troubles d'apprentissage répond: « Je ne sais pas ». Il ou elle dit la vérité. C'est difficile pour eux d'expliquer pourquoi ils se sentent de cette façon.

Quand les enfants ne sont pas capables d'exprimer leurs sentiments de tristesse, d'humiliation ou de colère, ces sentiments demeurent (ceci est vrai pour tout le monde, pas seulement pour les enfants). Alors, ces enfants continuent à se sentir tristes, blessés et en colère. Ils ont de la difficulté à s'amuser. Ils ont de la difficulté à faire leurs travaux scolaires. Ils éprouvent des difficultés à se concentrer sur tout autre chose que leurs sentiments. Nous appelons cela «se sentir déprimé». Ce sentiment peut parfois amener des écarts de conduite à l'école et à la maison.

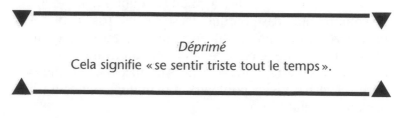

Déprimé
Cela signifie «se sentir triste tout le temps».

Six façons pour t'aider à te sentir mieux

T'arrive-t-il de te sentir déprimé ou déprimée? Voici six choses que tu peux faire et qui t'aideront à te sentir mieux.

1. Aie une discussion avec une personne-ressource (psychologue, orthopédagogue, travailleuse sociale).

▼━━━━━━━━━━━━━━━━━━━━━━━━━━▼

Personne-ressource

Cela signifie «personne qui aide les gens en les écoutant et en leur donnant des conseils».

▲━━━━━━━━━━━━━━━━━━━━━━━━━━▲

Plusieurs écoles ont des personnes-ressources qui sont formées pour aider les enfants qui se sentent déprimés. D'autres personnes-ressources peuvent travailler dans des bureaux près de l'endroit où tu vis.

Dis à tes parents que tu aimerais parler à un conseiller ou une conseillère. Ton enseignant ou enseignante, ou la direction de l'école serait peut-être capable de te donner des noms. Ton médecin de famille pourrait aussi t'aider à trouver une personne-ressource.

Même si tu n'es pas certain ou certaine de savoir quoi dire, la personne-ressource peut souvent t'aider à parler. Il est possible que tu aies besoin de la voir à quelques reprises avant de te sentir mieux.

2. Dessine tes sentiments.

Si tu as de la difficulté à parler de tes sentiments, essaie de faire un dessin qui illustre comment tu te sens. Pour plusieurs enfants ayant des troubles d'apprentissage, cela est plus facile que de parler. Tu peux ensuite montrer ton dessin à une personne-ressource ou à un adulte en qui tu as confiance.

3. Écris un livre qui parle de toi.

Tu peux écrire ou dessiner un livre sur toi. Ou encore, tu peux écrire un livre avec des illustrations.

Ton livre pourrait comporter les chapitres suivants:

Chapitre 1: Les choses que j'aime le plus chez moi.
Chapitre 2: Les choses que j'aimerais changer chez moi.
Chapitre 3: Les choses qui me rendent heureux ou heureuse.

Chapitre 4 : Les choses qui me rendent triste, blessé ou en colère.

Chapitre 5 : Ce que j'aimerais être dans dix ans.

4. *Fais quelques exercices « je m'aime ».*

Si tu exerces tes bras, les muscles de tes bras deviennent plus forts. Si tu entraînes la partie de ton cerveau qui s'occupe de l'estime de soi, tu la rendras plus forte.

Voici quelques exercices « je m'aime » que tu pourrais essayer :

- Le matin :
— Regarde-toi dans le miroir et trouve cinq choses que tu aimes chez toi. Nomme chacune de ces choses à haute voix : « J'aime... »
— Pense à cinq choses que tu aimerais mieux faire.
— Pense à cinq façons qui t'aideraient à mieux réussir. Nomme-les à haute voix aussi.
- Le soir :
— Regarde-toi dans le miroir et dis-toi ce que tu as fait de bien pendant la journée. Dis : « Aujourd'hui, je me suis amélioré en... »

Fais ces exercices chaque matin et chaque soir jusqu'à ce que tu te sentes mieux. Si tu aimes ça, continue de les faire.

5. *Prends la vie une journée à la fois.*

Crois-tu parfois que tu n'arriveras JAMAIS à terminer l'école? T'inquiètes-tu du moment où tu seras au secondaire? Te demandes-tu si tu seras un jour indépendant? T'inquiéter ne t'aidera pas. Essaie de ne pas t'inquiéter à propos de ton futur. Au lieu de cela, promets-toi chaque matin de faire de ton mieux AUJOURD'HUI.

6. *Sois patient ou patiente.*

Quand tu es découragé ou découragée et que tu aimerais tout abandonner, pense à ceci : plusieurs personnes ayant des troubles d'apprentissage n'ont pas abandonné. Tu peux lire à la page suivante ce qu'elles sont devenues. Souviens-toi que tu ne seras pas à l'école toute ta vie. Souviens-toi aussi que la plupart de tes enseignants et enseignantes s'intéressent à toi et veulent t'aider à apprendre. Les parents aiment leurs enfants et veulent les aider aussi. Mais le plus important de tout, souviens-toi que tu es spécial ou spéciale. Personne n'est comme toi. Regarde à l'intérieur de toi et vois toutes les bonnes choses qui y sont. Ne te prends pas trop au sérieux. Apprends à rire de toi. Sois patient ou patiente !

À la fin de ce livre, il y a une partie appelée «Quelques mots sur la dépression». Montre cette partie à tes parents, et à tes enseignants et enseignantes.

PERSONNES AYANT DES TROUBLES D'APPRENTISSAGE QUI N'ONT PAS ABANDONNÉ

Tom Cruise

Il est un grand acteur américain.
Il avait de grandes difficultés en lecture.

Thomas Edison

Il était un inventeur américain.
Les gens croyaient qu'il avait une déficience intellectuelle.

Ann Bancroft

Elle a redoublé à l'école parce qu'elle avait de la difficulté à apprendre à lire. Elle a été la première femme à atteindre le pôle Nord. Elle a voyagé avec l'expédition de Will Steger en 1986.

Leonardo Da Vinci

C'était un architecte et un très grand artiste italien. Il a peint, entre autres, La Joconde.
Il éprouvait des difficultés en lecture.

Cher

L'école était difficile pour elle principalement à cause de ses difficultés en lecture. C'est une chanteuse et actrice célèbre.

Albert Einstein

Il était un génie en mathématiques.
Il éprouvait des difficultés en arithmétique à l'école.

Whoopi Goldberg

C'est une actrice américaine.
Elle est atteinte de dyslexie.

Bruce Jenner

Il est médaillé d'or olympique.
Il avait de graves difficultés en lecture.

Janette Bertrand

C'est une communicatrice québécoise.
Elle est atteinte de dyslexie.

Chapitre 8
Dix façons de mieux vivre à l'école

Beaucoup d'enfants ayant des troubles d'apprentissage n'aiment pas l'école. Après tout, ce n'est pas agréable d'avoir des difficultés d'apprentissage, surtout lorsque les autres enfants n'éprouvent pas ces difficultés. Cela expliquerait peut-être pourquoi tant d'enfants ayant des troubles d'apprentissage ont des ennuis à l'école.

66

Lis ce que ces élèves ont à dire à propos de l'école :

« Eh bien, je sais qu'il ne faut pas être dans la lune. Lorsque tu es dans la lune, c'est comme si tu étais en amour. Tu restes assis là. Si tu fais ça, tu n'apprendras pas beaucoup. »
Christine, 9 ans

« Parfois, j'essaie d'être vraiment amusant en classe, mais l'enseignante continue à froncer les sourcils. »
Damien, 9 ans

« Pour passer une belle journée à l'école, j'ai besoin de beaucoup d'énergie. En après-midi, c'est plus difficile... je n'ai plus d'essence. »
Mélissa, 10 ans

« À l'école, il faut toujours essayer plus fort, il en faut toujours plus. C'est épuisant et frustrant. »
David, 9 ans

« Quand j'ai des ennuis, je m'assois dans un coin et je lis les lignes de mes mains. »
Rob, 10 ans

99

Il y a des enfants qui ont des troubles d'apprentissage qui *aiment* l'école. Ils n'aiment peut-être pas tout de l'école, mais ils en aiment une partie.

Lis ce que disent ces élèves à propos de l'école :

« Le directeur de l'école m'aide avec mes difficultés. Mon enseignante lit avec moi et elle discute aussi avec moi. »

Chris, 11 ans

« Je vais toujours voir la personne-ressource afin de sortir de la classe… je réalise ensuite combien elle m'aide. »

Gabriel, 12 ans

« Mon enseignante, Mme Marie, prend le temps de m'expliquer des choses. Je l'aime beaucoup. »

Justine, 8 ans

Il y a quelque chose que tu peux faire si tu n'aimes pas l'école. Il existe des trucs pour t'aider à mieux aimer l'école. Voici dix choses que tu pourrais essayer :

1. Lorsque ça va mal, parles-en.

Souvent, les enfants ayant des troubles d'apprentissage ne partagent pas leurs sentiments avec les autres. Ils se sentent tristes, blessés et en colère, mais ils gardent cela à l'intérieur.

Il est difficile de tout garder à l'intérieur. Tôt ou tard, les émotions sortent. Parfois, ils s'expriment d'une étrange façon. Certains élèves ayant des troubles d'apprentissage arrêtent de faire leurs travaux scolaires ou jettent des objets, se bagarrent ou sont impolis envers leurs enseignants et enseignantes. Ils ont alors des problèmes et se sentent encore plus mal.

Lorsque tu te sens triste, blessé ou en colère, pourquoi ne parlerais-tu pas à quelqu'un ? Pourquoi pas à un conseiller ou une conseillère, un enseignant ou une enseignante, un concierge, un chauffeur d'autobus, un ami ou une amie ? Choisis une personne que tu aimes et qui te comprendra. Ensuite, va parler à cette personne.

2. Garde la tête haute.

Il n'y a pas de honte à avoir des troubles d'apprentissage. Si une personne te demande pourquoi tu es dans une classe pour les troubles d'apprentissage, dis-le-lui (si tu en as le goût). Regarde-la dans les yeux et dis-lui : « J'ai des troubles d'apprentissage » ou encore : « J'apprends différemment. La classe pour les troubles d'apprentissage m'aide à apprendre. »

Tu dois croire et agir comme une personne importante. Plus tu agiras ainsi, plus les gens te traiteront comme une personne importante.

3. Deviens un expert ou une experte.

Un expert est une personne qui est la meilleure pour faire une chose en particulier. Les enfants ayant des troubles d'apprentissage peuvent devenir des experts comme tout le monde.

Pense à certaines choses que les gens de ton âge aiment faire. Que penses-tu de collectionner des cartes, écouter des groupes de musique, dessiner ou faire un sport en particulier? Choisis quelque chose que tu aimes faire et que les autres élèves de ta classe aiment aussi faire. Ensuite, découvre tout ce que tu peux savoir à ce sujet. Demande à ton enseignant ou enseignante, ou à tes parents de t'aider.

Ceci est une bonne façon de montrer que les personnes ayant des troubles d'apprentissage sont intelligentes. C'est aussi un moyen d'obtenir de l'attention. Lorsque tu es un expert ou une experte, les autres viennent te demander de l'aide.

4. Participe aux activités de l'école.

L'école est plus agréable lorsque tu fais autre chose que tes travaux scolaires. Participe aux activités de l'école telles que le théâtre, la musique, les clubs ou les sports. Offre ton aide pour organiser les activités de l'école. Fais savoir à tes enseignants et enseignantes que tu veux aider.

5. Apprends-en plus sur les troubles d'apprentissage.

Essaie d'en savoir le plus possible sur tes troubles d'apprentissage et tes manières d'apprendre. Lorsque tu as des enseignants ou des enseignantes qui ne connaissent pas bien les troubles d'apprentissage, tu peux les aider à comprendre. Cela les aidera à mieux planifier ton plan d'intervention.

Tu trouveras au chapitre 14 une partie intitulée « Dix autres choses que tu aimerais peut-être savoir à propos des troubles d'apprentissage ». Lis cette partie et montre-la ensuite à tes parents, et à tes enseignants et enseignantes.

6. Fais-toi des amis.

Parfois, les enfants ayant des troubles d'apprentissage se font des amis seulement parmi les autres enfants ayant des troubles d'apprentissage. Il est préférable d'avoir des amis ayant des troubles d'apprentissage ET des amis qui n'en ont pas.

Dans le chapitre 10, nous te donnerons quelques conseils pour avoir des amis avec ou sans troubles d'apprentissage. Si tu veux en savoir plus dès maintenant, rends-toi à cette partie.

7. Deviens un assistant ou une assistante.

Plusieurs élèves ayant des troubles d'apprentissage ont l'impression de toujours demander de l'aide. On dirait qu'ils sont les seuls à demander de l'aide.

Tu peux aider toi aussi! Peut-être pourrais-tu aider des enfants plus jeunes qui apprennent des choses que tu connais déjà. Ou encore, tu pourrais aider un ou une autre élève de ta classe dans une matière où tu réussis bien. Si tu sais que tu peux aider quelqu'un, dis-le! Offre ton aide.

8. Évite les ennuis.

Pour plusieurs élèves ayant des difficultés d'apprentissage, les travaux scolaires sont difficiles et ennuyants. Ils se joignent alors à d'autres enfants et commencent à faire des mauvais coups (d'après eux, faire des mauvais coups, c'est plus amusant que travailler!).

Faire cela n'est pas une bonne idée. Ça met les enseignants et enseignantes, et les parents en colère. Si tu vois d'autres enfants faire des mauvais coups, ignore-les. Continue à faire tes travaux scolaires. Ainsi, tu éviteras les ennuis.

9. Apprends des techniques de relaxation et détends-toi.

Pense à la dernière fois où tu travaillais sur quelque chose de très difficile et que tu ne comprenais pas. Peut-être t'es-tu mis en colère. Qu'as-tu fait par la suite? As-tu fait semblant de continuer à travailler alors que tu ne faisais plus rien? As-tu crié? As-tu jeté tes choses par terre? As-tu abandonné? pleuré? Es-tu retourné à la maison?

Ces réactions ne t'aideront pas à trouver l'école plus agréable. Tu dois trouver d'autres solutions.

Peut-être pourrais-tu lever ta main et demander de l'aide à ton enseignant ou enseignante? Mais que feras-tu s'il ou elle est occupé ou occupée? Tu devras t'aider toi-même.

Voici deux manières pour t'aider toi-même:

- Ferme tes yeux, prends trois respirations profondes et compte lentement (et doucement) jusqu'à dix.
- Dis-toi: «Relaxe» cinq fois très lentement et à voix basse.

Lorsque tu te sens mieux, essaie de continuer ton travail.

Nadia raconte: «Lorsque je joue du piano, je dois prendre le temps de regarder chacune des notes. Quand ça ne fonctionne pas, je prends de bonnes respirations avant de poursuivre. Autrefois, devant une difficulté, je cessais de jouer. Après, j'étais encore plus triste et découragée parce que je devais tout recommencer.»

10. N'utilise pas les troubles d'apprentissage comme une excuse!

Certains enfants utilisent leurs troubles d'apprentissage comme une excuse pour ne pas faire leurs travaux.

Par exemple, un élève peut avoir un travail de science à faire comme devoir, mais il y a un film à la télévision qu'il veut regarder. Alors, il regarde le film au lieu de faire son devoir. Le lendemain, il dit à son enseignante: «J'ai oublié de faire mon devoir parce que j'ai des troubles d'apprentissage.»

Ou encore, une élève peut avoir une leçon de mathématiques à apprendre. Toutefois, elle n'a pas le goût de la faire. Alors, elle dit à son enseignante: «Je ne suis pas bonne en mathématiques parce que j'ai des troubles d'apprentissage.»

Un autre enfant aura bientôt une évaluation en vocabulaire. Il n'a pas le goût d'étudier, il préfère jouer dehors. Il dit alors à son enseignant: «Les évaluations de vocabulaire m'énervent parce que j'ai des troubles d'apprentissage.»

N'utilise JAMAIS les troubles d'apprentissage comme une excuse pour ne pas faire ton travail! C'est le travail de l'enseignant ou de l'enseignante de trouver la meilleure façon pour t'enseigner. C'est ta responsabilité de travailler le plus fort possible.

Même avec les meilleurs enseignants et les meilleurs livres, tu trouveras certaines choses difficiles à apprendre. Toutefois, n'utilise JAMAIS les troubles d'apprentissage comme une excuse pour ne pas essayer.

Chapitre 9

Que faire lorsque les autres élèves se moquent de toi?

Ce n'est pas bien, mais les enfants s'agacent entre eux tout le temps. Ils se moquent des personnes qui s'habillent, parlent, agissent ou ont l'air différentes d'eux. Probablement que tout le monde fait rire de lui à un moment ou à un autre.

Pourquoi les enfants se moquent-ils?

Il semble y avoir trois principales raisons qui expliqueraient pourquoi les enfants se moquent des autres. Voici ces raisons:

1. Ils voient d'autres enfants le faire et ils veulent faire partie du groupe.

2. Ils se sont fait taquiner et ils essaient maintenant de blesser quelqu'un d'autre comme ils ont été blessés.

3. Ils se disent que, s'ils rendent une autre personne triste, ils se sentiront mieux (ce qui n'est pas vrai!).

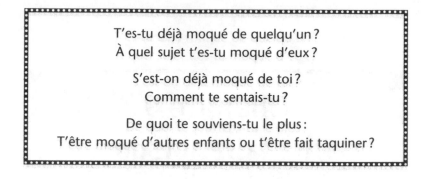

T'es-tu déjà moqué de quelqu'un?
À quel sujet t'es-tu moqué d'eux?

S'est-on déjà moqué de toi?
Comment te sentais-tu?

De quoi te souviens-tu le plus:
T'être moqué d'autres enfants ou t'être fait taquiner?

Pourquoi se moque-t-on de toi?

Parce que tu as des troubles d'apprentissage, tu es différent ou différente des autres. Rappelle-toi que les enfants se moquent des personnes qui s'habillent, parlent, agissent ou ont l'air différentes d'eux. Parce que tu es différent ou différente, les enfants se moqueront probablement de toi. Peut-être même se moqueront-ils beaucoup de toi:

- Peut-être se moque-t-on de toi parce que tu vas dans une classe pour les troubles d'apprentissage. («Regarde-le, il va dans une classe de stupides!»)

- Peut-être qu'on te traite de noms. («Stupide! Débile!»)

- Peut-être que certains enfants te font savoir qu'ils sont rendus plus loin que toi. («Tu es seulement rendu au deuxième livre? Je l'ai terminé l'année passée!»)

- Peut-être se moque-t-on de tes travaux scolaires. («C'est du travail pour les bébés!» «Tu es le pire lecteur de la classe!»)

Peu importe la façon dont les enfants se moquent de toi, tu te sens triste, blessé et en colère. Ce n'est pas agréable de faire rire de soi.

La bonne nouvelle c'est que tu peux *faire* quelque chose à ce sujet. Il y a des façons d'agir et des choses que tu peux dire lorsque les autres enfants se moquent de toi. Certaines façons n'aident pas beaucoup, d'autres peuvent t'aider un peu et d'autres encore peuvent t'aider énormément.

Nous allons te parler de trois façons. Lorsque tu les liras, demande-toi: «Laquelle de ces trois façons est-ce que j'utilise?»

FAÇONS D'AGIR <u>QUI NE T'AIDERONT PAS BEAUCOUP</u> SI L'ON SE MOQUE DE TOI

CE QUE TU PEUX FAIRE	CE QUI POURRAIT ARRIVER
Commence une bagarre.	Tu pourrais te faire battre.
	Si tu gagnes la bataille, tu pourrais te sentir mieux pendant un certain temps. Tu pourrais aussi avoir des ennuis pour t'être battu.
	Si tu gagnes la bataille, cet enfant pourrait arrêter de se moquer de toi. Toutefois, quelqu'un d'autre, peut-être plus grand et plus fort, pourrait commencer à se moquer de toi.
Moque-toi de lui en retour.	L'enfant qui se moque de toi pourrait être meilleur que toi à ce «jeu». Si c'est le cas, tu te sentiras encore plus mal.
	Cet enfant pourrait encore se moquer de toi parce que tu t'es moqué de lui la dernière fois.
Enfuis-toi en pleurant.	Si tu fais cela, les enfants sauront que leurs moqueries te dérangent beaucoup. Ils pourraient alors continuer de le faire.
	Tu pourrais te sentir mal pour ne pas avoir été capable de garder la tête haute.

FAÇONS D'AGIR <u>QUI POURRAIENT T'AIDER UN PEU</u> SI L'ON SE MOQUE DE TOI

CE QUE TU PEUX FAIRE

Ignore les moqueries.

CE QUI POURRAIT ARRIVER

Il est possible que les moqueries arrêtent rapidement. Il est aussi possible qu'elles durent encore un bon moment. Ces enfants pourraient se moquer de toi encore plus s'ils voient que tu essaies de les ignorer.

Souris et dis-leur que ça ne te dérange pas.

Cela ressemble beaucoup à les ignorer. C'est difficile à faire et ce n'est pas bon pour toi de cacher tes sentiments.

FAÇONS D'AGIR <u>QUI PEUVENT T'AIDER ÉNORMÉMENT</u> SI L'ON SE MOQUE DE TOI

CE QUE TU PEUX FAIRE

Tiens-toi droit et regarde l'enfant dans les yeux. Dis-lui d'une voix calme : « Je n'aime pas que l'on me parle de cette manière » et puis va-t-en.

CE QUI POURRAIT ARRIVER

Même si les moqueries ne cessent pas, tu te sentiras bien parce que tu as gardé la tête haute. De plus, tu n'auras pas d'ennui pour t'être battu.

Cet enfant s'apercevra qu'il ne peut pas te faire pleurer ou te mettre en colère. Il est alors possible qu'il arrête de se moquer de toi.

Il est possible que tu doives faire cela plusieurs fois avant que cet enfant comprenne. Mais cette solution est tout de même mieux que de se battre ou de cacher ses sentiments.

JE N'AIME PAS QUE TU ME PARLES DE CETTE FAÇON-LÀ !

Parle à un adulte que tu aimes et en qui tu as confiance. Choisis une personne qui t'écoute bien et qui s'intéresse à toi. Raconte à cette personne les moqueries que tu subis et comment tu te sens par rapport à celles-ci.

Fais le jeu de la tortue. Lorsque quelqu'un se moque de toi, imagine-toi entrer dans ta carapace. De cette façon, tu peux prendre le temps de respirer (ou compter jusqu'à trois) et d'ignorer la moquerie. Tu peux ensuite raconter à une personne en qui tu as confiance comment tu t'es senti dans ta carapace de tortue.

Ne te moque pas des autres.

Tu te sentiras mieux! Personne ne peut empêcher en tout temps les enfants de se moquer de toi. Toutefois, cela aide toujours de parler de ses sentiments.

La personne qui se moque de toi verra rapidement que tu ne réagis pas à ses attaques.

Il y a de bonnes chances pour qu'on ne se moque pas de toi si tu ne te moques pas des autres.

**" **

Lis ce que ces enfants ont à dire en ce qui concerne les moqueries :

« Lorsque mes crayons ont été volés, je suis allé voir la personne qui les avait et je les lui ai repris ! »

Alexandre, 8 ans

« Si les enfants me suivent partout pendant la récréation, je le dis à l'enseignante ou je les ignore. »

Mélanie, 11 ans

« Lorsque les autres enfants se moquent de moi, je voudrais les battre, mais j'essaie plutôt de les ignorer. »

Vincent, 11 ans

« Je parle à mon enseignante lorsque les enfants me mettent en colère. Elle m'aide à comprendre ce que certains enfants ont vraiment dit. »

R.J., 11 ans

**" **

Chapitre 10

Quelques trucs pour se faire des amis et pour les garder

Avoir des amis rend l'école plus agréable, mais ce n'est pas toujours facile de se faire des amis. Fréquenter une classe pour les élèves ayant des troubles d'apprentissage peut même rendre la chose plus difficile. Cela ne signifie toutefois pas que tu ne peux pas y arriver! Les enfants ayant des troubles d'apprentissage peuvent avoir des amis, comme tout le monde.

Nadia raconte: «Lorsque je pense aux enfants ayant des troubles d'apprentissage que j'ai connus, je me souviens toujours de David. Il était très bon pour se faire des amis et pour les garder. David avait neuf ans lorsque je l'ai évalué et que j'ai découvert qu'il avait des troubles d'apprentissage. Il avait déjà beaucoup d'amis dans sa classe régulière. Il était un garçon amical qui aidait les autres et qui ne se moquait pas des autres. De plus, il était fou du hockey. Au début, il hésitait à participer aux ateliers *Mieux se connaître pour mieux apprendre*. Il avait peur de ne pas avoir d'amis. Toutefois, au cours de ces rencontres, il s'est fait des amis qui avaient eux aussi des troubles d'apprentissage. Ensemble, ils pouvaient discuter de ce qu'ils vivaient à l'école. David a participé aux ateliers pendant un an. Il continue d'être entouré d'amis et d'aimer jouer au hockey. En fait, David avait un talent pour se faire des amis et pour les garder.»

Les « règles pour se faire des amis »

David connaissait les « règles pour se faire des amis ». Elles sont différentes des règles que tu peux connaître.

Tu ne peux pas les retrouver écrites dans un livre. Tu ne les retrouves pas sur des écriteaux. Tu les apprends par d'autres personnes. Tu les apprends à partir des choses qui t'arrivent dans la vie. Tu apprends certaines de ces règles en faisant des erreurs.

66

Lis ce que ces enfants ont à dire à propos des « règles pour se faire des amis » :

« J'ai appris à la dure qu'il ne fallait pas pousser les enfants à l'arrêt d'autobus. Je me suis fait pousser par d'autres. »

Alexandra, 9 ans

« Il faut se respecter soi-même et respecter les autres enfants. »

Danny, 9 ans

« Il faut faire attention aux objets personnels des autres. »

Sabrina, 8 ans

99

Certains enfants ayant des troubles d'apprentissage ont de la difficulté à apprendre les « règles pour se faire des amis », tout comme ils ont de la difficulté à apprendre à lire, à écrire ou à faire des mathématiques.

Différentes manières de se faire des amis

Pense aux amis que tu as. Sont-ils des élèves qui vont dans des classes pour les troubles d'apprentissage ? C'est bien d'avoir des amis qui ont des troubles d'apprentissage, mais c'est encore mieux d'avoir des amis qui ont des troubles d'apprentissage ET des amis qui n'en ont pas. Tout comme David, tu peux avoir des amis des deux sortes ! Quelle est la meilleure façon de se faire des amis et de les garder ? En étant une personne amicale.

Voici quelques trucs pour t'aider à être une personne amicale.

10 TRUCS POUR SE FAIRE DES AMIS ET LES GARDER

1. Observe les autres enfants dans ta classe et dans la cour de récréation. Essaie d'en trouver quelques-uns qui jouent sans s'agacer ou se battre. Ils ou elles feraient probablement de bons amis ou de bonnes amies.

2. À la récréation, participe aux jeux où les enfants doivent faire la file et attendre leur tour pour jouer.

3. Observe ce que les autres enfants aiment faire. Essaie d'en découvrir le plus possible sur leurs champs d'intérêt. Ensuite, tu peux parler avec eux des choses qu'ils et elles aiment.

4. N'essaie pas d'obliger les autres enfants à être tes amis, surtout les plus populaires. Tu peux tout aussi bien trouver de bons amis parmi les élèves qui ne font pas partie du groupe populaire. Y a-t-il une personne qui semble gênée? Peut-être cette personne attend que tu fasses les premiers pas vers elle.

5. Ne te promène pas seul ou seule dans la cour de récréation en espérant que quelqu'un va venir te demander de jouer avec lui ou elle. Choisis plutôt un jeu et demande à une personne de jouer avec toi.

6. Lorsque tu joues avec les autres, dis-leur des choses gentilles, attends ton tour et sois bon joueur.

7. Ne cherche pas à te rendre intéressant et ne t'attire pas des ennuis pour te faire remarquer.

8. La plupart des gens aiment parler d'eux-mêmes. Pose des questions aux autres enfants sur ce qu'ils ou elles aiment faire. Pose-leur des questions sur leur émission de télévision favorite, leur sport ou leurs jeux préférés.

9. Sois amical, partage tes choses et ne te moque pas des autres. Traite les autres enfants comme tu aimerais être traité. (Eh oui! C'est la règle d'or!)

10. Aime-toi. Les gens aiment les personnes qui s'aiment elles-mêmes.

Chapitre 11
Huit façons de mieux vivre à la maison

Maintenant, tu sais que tu n'es pas stupide. Tu sais que tu fais le meilleur travail que tu peux. Toutefois, il est possible que d'autres personnes ne savent pas que tu fais de ton mieux, comme tes parents, par exemple.

Tes parents t'ont peut-être déjà dit: «Tu sais que tu peux réussir aussi bien que les autres enfants SI TU TRAVAILLES FORT». Ils ne sont peut-être pas les seuls à penser cela. Parfois, les enseignants et enseignantes vont dire des choses aux parents qui ont des enfants ayant des troubles d'apprentissage:

- «Votre enfant pourrait s'en sortir s'il n'était pas si paresseux...»
- «Votre enfant est intelligente, mais elle n'écoute pas en classe.»
- «Votre enfant pourrait faire du bon travail s'il était plus intéressé et s'il se conduisait moins mal.»

Alors, les parents disent à leurs enfants: «Tu es paresseux» ou «Tu n'écoutes pas en classe» ou «L'école ne t'intéresse pas» ou «Tu as un mauvais comportement.»

Lorsque cela arrive, les enfants sont bouleversés. Si cela t'arrive, tu es probablement bouleversé. Peu importe les efforts que tu mets à l'école, tu reçois quand même des reproches à la maison! Peut-être cela commence-t-il dès ton retour de l'école. Dès que tu arrives à la maison, tes parents te rencontrent à la porte. Ils veulent que tu fasses tes devoirs IMMÉDIATEMENT! Tu as l'impression qu'on ne t'accorde aucun répit.

Les étés ne sont pas mieux. La plupart des enfants peuvent faire ce qu'ils veulent pendant tout l'été. Ils n'ont pas à penser à l'école pendant DEUX MOIS. Mais pas toi! Tu dois suivre des cours d'été!

Lis ce que ces enfants disent à propos de leurs parents :

« Maman se préoccupe de moi. Elle essaie de m'aider. Mon père ne comprend pas mon problème et cela me rend nerveux. Il pense que je peux vraiment entendre. »

Olivier, 11 ans

« Mes parents sont heureux de me voir apprendre, mais ils veulent que j'apprenne encore mieux. Parfois, ils se fâchent lorsque je ne comprends pas ce qu'ils veulent dire. »

Francis, 11 ans

« Je reste moi-même lorsque je suis avec mes parents. S'ils se fâchent, la plupart du temps je les écoute, mais parfois je les ignore. »

Maude, 12 ans

« C'est souvent pendant les devoirs et les leçons qu'on se chicane le plus. Parfois, ils pensent que je ne fais pas assez d'efforts, mais pourtant ! »

Marc-André, 12 ans

Pourquoi tes parents te poussent-ils toujours à faire mieux ? Ils savent que tu n'es pas stupide. Ils veulent que tu donnes le meilleur de toi-même. Ils croient que, si tu travailles plus fort, tu réussiras mieux.

Les parents ne comprennent pas toujours que les enfants TRAVAILLENT fort à l'école. Parfois, ils oublient que les enfants ont besoin de moments pour RELAXER.

Il arrive peut-être que tes parents et toi, vous vous fâchiez. Ils crient après toi et tu cries après eux. Une grosse chicane s'ensuit.

Cependant, une chicane ne règle rien. Parler est plus efficace et parler de ce que tu ressens est encore mieux. Essaie de dire à tes parents comment tu te sens. Raconte-leur à quel point tu travailles fort à l'école et que tu ne veux pas avoir de problèmes à la maison.

Facile à dire, n'est-ce pas ? Pas si facile à faire. C'est difficile de parler de nos sentiments. Plusieurs enfants ayant des troubles d'apprentissage ont les mêmes problèmes avec leurs parents.

Voici quelques idées que tu peux partager avec tes parents. Ce sont toutes des idées qui pourront aider à rendre la vie plus agréable à la maison. Si tu ne peux pas parler à tes parents, peut-être pourrais-tu leur faire lire ces pages.

1. Dis à tes parents que tu as besoin de moments pour relaxer.

La plupart des parents travaillent. Lorsqu'ils reviennent à la maison, font-ils le même travail? Non. Faire un travail 12 heures par jour n'est pas agréable.

Aller à l'école est ton travail. Si tu dois faire des devoirs toute la soirée aussi, c'est comme si tu travaillais tout le temps.

Cela ne signifie pas que tu ne dois pas faire de devoirs. Cela signifie que tu dois aussi avoir des moments pour relaxer. En fait, lorsque tu es à la maison, tu devrais avoir plus de temps pour relaxer que pour travailler.

2. Dis-le à tes parents si tes devoirs durent trop longtemps.

Les devoirs peuvent être une bonne façon de te pratiquer. Tes parents pensent probablement qu'il est important de faire des devoirs. Ils s'assurent peut-être que tous tes devoirs sont faits chaque soir.

As-tu l'impression de passer TOUT ton temps à faire tes devoirs et qu'il ne te RESTE PLUS de temps pour relaxer ensuite? Si c'est le cas, tu as trop de devoirs. Pour découvrir pourquoi, pose-toi ces questions:

- As-tu de la difficulté à comprendre ce que tu dois faire?
- As-tu de la difficulté à écrire proprement?
- As-tu de la difficulté à bien aligner les chiffres en mathématiques?
- Es-tu fatigué par les travaux scolaires que tu as faits pendant la journée?

As-tu répondu OUI à une de ces questions? Alors parles-en à tes parents ou à tes enseignants et enseignantes, ou bien demande à tes parents d'en discuter avec eux. Tes parents devraient leur dire combien de temps cela te prend pour faire tes devoirs.

Tu as aussi besoin de temps pour toi. Demande à tes parents et à tes enseignants s'ils peuvent t'aider à te faire un horaire. Cet horaire devrait te permettre de faire tes devoirs et te laisser du temps pour te reposer.

Nadia raconte : «Quand mon fils était en 1re année, nous passions plus d'une heure par soir à faire ses devoirs et ses leçons. Toutefois, après trente minutes, mon fils était épuisé de sa journée. Il n'arrivait plus à se concentrer et à s'appliquer. J'en ai donc parlé à l'enseignante. Je lui ai expliqué comment la période de devoirs et leçons était difficile pour nous.

Depuis, nous avons établi une façon de procéder, une routine. Après l'école, mon fils prend sa collation. Ensuite, il s'assoit à la table de cuisine pour faire ses devoirs et ses leçons (environ trente minutes). Puis, il peut s'amuser un peu avant le souper et se reposer des efforts de la journée.»

3. Annonce à tes parents des bonnes nouvelles qui te concernent.

On demande parfois aux parents de venir à l'école pour leur parler des difficultés de leur enfant. Peut-être qu'il ne fait pas ses travaux scolaires, qu'il est agité en classe ou qu'il réplique à son enseignant ou enseignante.

C'est difficile pour les parents d'entendre de mauvaises nouvelles. Certains parents entendent plus de mauvaises nouvelles que de bonnes nouvelles.

Annonce à tes parents de bonnes nouvelles qui te concernent. Dis-leur ce que tu as fait de bien, ce que tu as amélioré pendant la journée. Parle-leur aussi lorsque tu t'améliores dans tes travaux scolaires ou quand ton enseignant ou enseignante t'a fait un compliment ou encore lorsque tu t'es fait un nouvel ami.

Que faire lorsque tes parents sont invités à se rendre à l'école? Ils peuvent demander à entendre aussi de bonnes nouvelles qui te concernent et pas seulement des mauvaises. Ils peuvent raconter des choses positives à ton sujet aux enseignants. Ceux-ci pensent peut-être que tu es paresseux ou paresseuse ou que tu ne fais pas assez d'efforts. Ils ou elles ne te comprennent peut-être pas. Tes parents peuvent t'aider en leur disant qui tu es vraiment.

4. Prends une pause lorsque tu en as besoin.

Parfois, il peut arriver que tu te sentes tellement en colère que tu voudrais crier ou t'enfuir et te cacher. Lorsque tu te sens comme cela, prends une pause. Sors prendre une marche, faire de la bicyclette ou encore, va dans ta chambre, ferme la porte et écoute de la musique.

Fais quelque chose que tu aimes faire. NE FAIS PAS de travaux scolaires.

5. Fais-toi un horaire.

Une façon de terminer des choses est de planifier un horaire.

As-tu de la difficulté à te souvenir des devoirs que tu as à faire? Fais une liste des choses que tu dois faire à la maison. Écris sur cette liste tout ce que tu dois apporter chez toi. Apporte aussi cette liste à la maison. Fais un crochet à côté de chacun des items lorsque tu les as terminés.

Décide à quel moment tu feras tes travaux scolaires. Dès que tu arrives à la maison ou après le souper? Choisis un moment où quelqu'un pourra t'aider si tu en as besoin.

Avant de commencer tes devoirs, rassemble tout ce dont tu auras besoin. Livres, crayons, papiers. Quoi d'autre? Ferme la télévision et la radio. Ne téléphone pas à tes amis. Tu pourrais peut-être même installer une pancarte NE PAS DÉRANGER sur ta table. Ensuite, AU TRAVAIL!

6. Nourris-toi bien.

Savais-tu que la nourriture telle que les chips, les bonbons et la boisson gazeuse te donne de la difficulté à réfléchir? La nourriture équilibrée, comme les fruits et les légumes, t'aide à mieux penser.

Si tu veux une collation, mange quelque chose qui est bon pour ta santé. Oublie les «cochonneries». Fais une faveur à ton cerveau!

7. Trouve-toi un passe-temps.

Trouve-toi un passe-temps que tu aimes faire et qui te fait oublier l'école. Prends soin d'un animal, fais une collection de roches, apprends à utiliser un ordinateur, etc.

Trouve un passe-temps qui te donnera aussi l'occasion de partager avec les autres. Tu peux même devenir un expert ou une experte.

Souviens-toi qu'être un expert ou une experte est une bonne façon de prouver que les personnes ayant des troubles d'apprentissage sont intelligentes. C'est aussi une bonne manière d'obtenir de l'attention.

8. Obtiens un emploi.

Distribue le journal, garde des enfants, tonds la pelouse du voisin, ramasse et revends des bouteilles.

Avoir un emploi t'aidera à ne pas penser à l'école. Cela t'aidera à réfléchir à ce que tu veux faire lorsque tu n'iras plus à l'école. Tu te feras aussi un peu d'argent.

À la fin de ce livre, il y a une partie intitulée: «Quelques mots à propos des devoirs et des leçons». Montre cette partie à tes parents. Cela pourra les aider à comprendre pourquoi tu as besoin de moments libres où tu ne fais pas de travaux scolaires.

Chapitre 12

Qu'arrivera-t-il lorsque tu seras adulte?

Présentement, tu penses peut-être que l'école ne finira jamais! Toutefois, tu termineras l'école et tu seras un ou une adulte avant même que tu t'en aperçoives. Tu penses peut-être qu'une fois l'école terminée, tous tes problèmes seront réglés. Plus d'enseignants sur ton dos, plus de parents qui te mettent de la pression. Enfin seul ou seule. Tu pourras faire ce que tu veux!

Cela ne fonctionne pas tout à fait de cette façon. Ce n'est pas facile d'être un ou une adulte. Faire tout ce que tu veux peut t'attirer des ennuis. Tu devras prendre soin de toi lorsque tu seras un adulte. Il y a plusieurs choses qu'un adulte doit faire auxquelles tu n'as peut-être même pas songé. Il est important que tu connaisses ces choses si tu veux devenir indépendant ou indépendante.

Nous allons te dire certaines choses que les adultes doivent faire. Nous allons aussi te dire certaines choses que tu peux faire pour te préparer à la vie d'adulte. En fait, il y a plusieurs choses que tu peux faire maintenant. Il y a d'autres choses que tu pourras faire lorsque tu seras plus âgé ou âgée.

Un ou une adulte doit se trouver un emploi.

Dès maintenant, tu peux:

- Questionner les gens autour de toi afin de connaître différents types d'emplois.
- Te pratiquer à remplir des formulaires de demande d'emploi.
- Lire les offres d'emploi dans les journaux.

- T'informer à un orienteur sur la manière d'obtenir un emploi.
- Faire du bénévolat.

Lorsque tu seras plus âgé ou âgée, tu pourras :
- Trouver un emploi.
- Être un bon employé ou une bonne employée. Pour l'être, tu dois :
  - Faire ce que tu as dit que tu ferais.
  - Toujours arriver à l'heure à ton travail.
  - Accepter les suggestions des autres, car elles peuvent t'aider.
  - Admettre lorsque tu fais des erreurs. Ne jette pas le blâme sur les autres pour tes propres erreurs.

Un ou une adulte doit garder sa maison propre.

Dès maintenant, tu peux :
- Aider aux travaux ménagers. Tu peux :
  - Nettoyer le bain.
  - Passer la balayeuse ou la vadrouille sur les planchers.
  - Épousseter les meubles.
  - Tondre la pelouse.
  - Arroser les plantes.
- Garder ta chambre propre et en ordre.

Un ou une adulte doit économiser de l'argent.

Dès maintenant, tu peux :
- Demander une allocation à tes parents afin que tu puisses apprendre à gérer ton argent.

- Payer certains de tes vêtements, films et les autres choses que tu désires.
- Ouvrir un compte à la banque et apprendre comment écrire des chèques.
- Déposer une partie de ton argent à la banque.
- Commencer à prévoir combien d'argent tu auras besoin dans le futur. Iras-tu à l'université? Aimerais-tu avoir une auto?

Un ou une adulte doit bien manger.

Dès maintenant, tu peux:

- Planifier un repas.
- Faire une liste d'épicerie.
- Faire l'épicerie en achetant des aliments qui sont bons pour la santé, comme des fruits et des légumes.
- Apprendre à cuisiner. Tu pourrais même préparer un repas pour tes parents lorsqu'ils reviennent le soir.
- Rester loin de la nourriture telle que les chips, les bonbons et la boisson gazeuse. Cela coûte cher et ce n'est pas bon pour ta santé.

Un ou une adulte doit être propre.

Dès maintenant, tu peux:

- Prendre un bain ou une douche tous les jours.
- Brosser tes dents et utiliser un antisudorifique si tu en as besoin.
- Te faire couper les cheveux lorsque c'est nécessaire.
- Apprendre à laver tes vêtements.

Un ou une adulte peut se déplacer en ville.

Dès maintenant, tu peux:

- Apprendre à utiliser l'autobus ou le taxi.
- Apprendre à lire une carte.

Quand tu seras plus âgé ou âgée, tu pourras:

- Suivre des cours de conduite et obtenir ton permis.
- Apprendre à entretenir une auto.
- Apprendre ce que tu dois savoir concernant les assurances auto.

Un ou une adulte peut se faire des amis.

Dès maintenant, tu peux :

- Former un groupe de soutien avec d'autres personnes ayant des troubles d'apprentissage. Demande de l'aide à tes parents ou à une enseignante pour cela.

(Un groupe de soutien est un groupe de personnes qui ont une chose en commun. Elles ont des rencontres où elles discutent entre elles et se font des amis. Un groupe de soutien est un endroit où tu peux parler sans crainte de tes difficultés ou de choses qui t'inquiètent. C'est aussi un bon endroit pour avoir du plaisir.)

- T'inscrire à des clubs ou des groupes qui font des activités que tu aimes, comme la randonnée, la bicyclette, la natation, le soccer…
- T'inscrire à des activités de loisirs que tu aimes, les scouts, un club d'échecs…
- Devenir un bénévole. Tu pourrais travailler dans un hôpital ou dans un centre d'accueil.

Un ou une adulte peut se marier.

Dès maintenant, tu peux :

- Demander à tes parents ou à d'autres adultes en qui tu as confiance de te parler du mariage.
- Partager avec les autres.

Un ou une adulte peut élever une famille.

Dès maintenant, tu peux :

- Faire du bénévolat dans un centre de la petite enfance.
- Garder des enfants.
- Demander à tes parents comment c'est d'avoir des enfants. Demande-leur de te parler des difficultés autant que des belles choses.

Souviens-toi :

Être un ou une adulte n'est pas facile.
Devenir indépendant ou indépendante demande
beaucoup de temps, de travail et de réflexion.
Il n'est jamais trop tôt pour apprendre les habiletés
dont tu auras besoin lorsque tu n'iras plus à l'école.

70

Chapitre 13
Une fin heureuse : « Tu peux réussir ! »

Nous aimerions te raconter l'histoire de deux personnes que nous connaissons. Hélène et Philippe sont des adultes qui ont des troubles d'apprentissage.

L'histoire d'Hélène

Hélène a terminé l'université il y a cinq ans. Elle est aujourd'hui une enseignante auprès des élèves ayant des troubles d'apprentissage. Lorsqu'elle était plus jeune, elle éprouvait des difficultés en mathématiques. Pendant toutes ses années scolaires, Hélène a étudié très fort. Elle est intelligente et c'est une personne qui se fait facilement des amis. Hélène a des troubles d'apprentissage et elle a réussi. À cause de ses difficultés, elle comprend mieux ce que vivent les jeunes ayant des troubles d'apprentissage.

L'histoire de Philippe

Philippe a eu un parcours scolaire très difficile. Dès la 1re année, il a été placé dans une classe spéciale. Au secondaire, il détestait l'école, mais il désirait réussir dans la vie et il savait qu'il devait continuer ses efforts. À 16 ans, il est allé étudier dans un Centre de formation en entreprise et récupération. Il a appris qu'il était capable de réussir dans des travaux manuels avec facilité même s'il avait de la difficulté à lire et à écrire. Maintenant, Philippe travaille dans un garage. Il aime beaucoup son emploi puisqu'il réussit bien de ses mains. De plus, il a retrouvé une bonne estime de lui-même. Son patron est très content de la qualité de son travail. Philippe a des troubles d'apprentissage et il a réussi.

Tu peux réussir, toi aussi. Il n'y a pas de remède magique pour les troubles d'apprentissage. Il n'y a pas de pilule, de façon d'enseigner ou de régime spécial qui peuvent éliminer ton trouble d'apprentissage. Mais avoir des troubles d'apprentissage n'empêche pas une personne de réaliser de grandes choses, d'être heureuse et de réussir.

Maintenant que tu as lu ce livre, tu sais qu'il y a des façons de mieux vivre à l'école et à la maison. Utilise ces suggestions et souviens-toi :

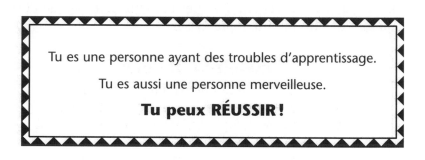

Tu es une personne ayant des troubles d'apprentissage.

Tu es aussi une personne merveilleuse.

Tu peux RÉUSSIR !

Chapitre 14

Dix autres choses que tu aimerais peut-être savoir à propos des troubles d'apprentissage

Lorsque les élèves découvrent qu'ils ont des troubles d'apprentissage, ils veulent en savoir plus à ce sujet. Voici dix questions que des personnes nous ont posées à propos des troubles d'apprentissage.

Si tes parents, ou tes enseignants ou enseignantes désirent en savoir plus à ce sujet, tu peux leur montrer ces pages.

1. Est-ce que la dyslexie est la même chose qu'un trouble d'apprentissage?

Non. La dyslexie est un type de trouble d'apprentissage où une personne éprouve beaucoup de difficulté à lire. Toutefois, ce ne sont pas toutes les personnes qui éprouvent de la difficulté à lire qui ont la dyslexie.

Environ 3 % seulement des gens ayant de la difficulté à lire font de la dyslexie. Les autres n'arrivent pas à lire pour d'autres raisons. Ces raisons peuvent être:

- Ils ont de la difficulté à rester tranquillement assis.
- Ils ont peu d'intérêt en lecture.
- Ils éprouvent de la difficulté à être attentif.

Certaines personnes ayant des troubles d'apprentissage peuvent bien lire, mais elles ont de la difficulté dans d'autres matières comme les maths, le français oral ou pour se faire des amis.

2. Est-ce que le fait d'avoir des troubles d'apprentissage signifie que j'ai des lésions au cerveau?

C'est une bonne question. Même les experts ont de la difficulté à y répondre. Il y a environ cent ans, certains médecins ont réalisé que des enfants intelligents avaient de la difficulté à apprendre. Ces enfants ressemblaient à des personnes qui avaient eu une attaque d'apoplexie, une maladie qui causait des lésions cérébrales. Ces deux types de personnes peuvent avoir des difficultés de langage (parler et écouter), d'organisation et de motricité (déplacer leur corps).

Des années plus tard, d'autres médecins ont remarqué que les enfants ayant des troubles d'apprentissage ressemblaient aux soldats ayant été blessés à la tête. Plusieurs de leurs problèmes se ressemblaient tels que les difficultés de langage (parler et écouter). Ainsi, plusieurs médecins croient aujourd'hui que les enfants ayant des troubles d'apprentissage pourraient avoir des lésions cérébrales.

Toutefois, d'autres médecins ne sont pas d'accord. Ils croient que les élèves ayant des troubles d'apprentissage ont des difficultés parce qu'ils ont commencé l'école trop tôt, qu'ils n'ont pas obtenu assez d'aide ou d'aide adéquate de leurs parents ou de leurs enseignants.

Peut-être certains élèves ayant des troubles d'apprentissage ont des lésions cérébrales, mais personne ne peut en être certain.

3. Est-ce que les troubles d'apprentissage disparaîtront un jour?

C'est une question difficile. La réponse dépend de plusieurs choses, comme:

- Combien d'aspects sont touchés par les troubles d'apprentissage? Un seul, comme la lecture, ou plusieurs?
- À quel âge le trouble d'apprentissage a-t-il été diagnostiqué? Quelle aide a été apportée à cette personne depuis?
- Jusqu'à quel point l'école a-t-elle aidé cette personne? Est-ce que les enseignants et enseignantes, la direction et le psychologue sont au courant que l'élève a un

trouble d'apprentissage? Ont-ils essayé d'en savoir plus à ce sujet?

- Jusqu'à quel point les parents collaborent-ils? Que connaissent-ils à propos des troubles d'apprentissage?
- Jusqu'à quel point a-t-on laissé la personne ayant un trouble d'apprentissage être autonome?

Et si la personne ayant un trouble d'apprentissage est devenue un ou une adulte:

- Quel genre de travail fait-elle? A-t-elle de bonnes expériences de travail? A-t-elle reçu de l'aide pour se trouver un emploi lorsqu'elle a terminé ses études?

Bien qu'il soit possible que les troubles d'apprentissage ne disparaissent pas, la plupart des gens ayant des troubles d'apprentissage peuvent faire plusieurs choses s'ils reçoivent une aide adéquate. Cette aide doit être fournie très tôt dans leur vie.

4. Puis-je aller à l'université si j'ai des troubles d'apprentissage?

C'est aussi une question difficile. Cela dépend de l'aide que tu reçois et jusqu'à quel point tu éprouves des difficultés dans tes travaux scolaires. Cela dépend aussi de ton désir d'aller à l'université et du besoin ou non d'un diplôme universitaire pour l'emploi que tu recherches.

Certaines personnes ayant des troubles d'apprentissage ont un diplôme universitaire. Plusieurs autres ne font pas d'études universitaires, soit parce qu'elles ont des difficultés scolaires, soit parce qu'elles n'aiment pas étudier, soit parce que le diplôme universitaire n'est pas nécessaire pour leur choix de carrière.

L'université n'est pas obligatoire; un diplôme universitaire ne signifie pas nécessairement qu'une personne sera heureuse et qu'elle aura du succès. Toutefois, si tu désires aller à l'université, tu devrais essayer. Demande à tes parents et à tes enseignants et enseignantes ce qu'ils en pensent. Demande-leur de t'aider.

Pense à quel type d'université tu aimerais aller. Une grosse ou une petite université? Une université qui offre des cours et des stages rémunérés ou une université qui offre seulement des cours? Il y a des universités qui offrent des cours seulement le soir afin que tu puisses travailler le jour. Informe-toi si des universités offrent un soutien spécial pour les étudiants ayant des troubles d'apprentissage. Parfois, les universités qui offrent ce soutien l'affichent sur leur site Internet. Autrement, l'Association étudiante de l'université devrait pouvoir t'informer sur les services offerts.

Si tu ne désires pas aller à l'université, tu as d'autres options. Tu peux obtenir un diplôme professionnel et devenir coiffeuse, mécanicien, aide-vétérinaire, technicien en informatique, etc. Essaie de penser à ce en quoi tu es bon. Ensuite, suis une formation dans ce domaine.

Voici quelques livres qui pourraient t'aider à planifier ton avenir sans aller à l'université :

▶ Marius, C. et Y. Maurais (1999). *S'orienter à partir de soi : Un guide pour accorder profil personnel et projet de carrière*, Sainte-Foy, Septembre.

▶ *Les métiers de la formation professionnelle : Plus de 150 professions et formations à découvrir* (2002). Montréal, Ma carrière.

▶ *Le guide choisir : Tous les programmes et les établissements d'enseignement secondaire professionnel et collégial technique* (2002). Sainte-Foy, Septembre.

5. Si j'ai des enfants, est-ce qu'ils auront des troubles d'apprentissage ?

Personne ne le sait exactement. Il est vrai que certaines familles ont plusieurs membres ayant des troubles d'apprentissage, non seulement des frères et sœurs, mais aussi des cousins, des nièces, des oncles.

Nous ne savons pas pourquoi ces familles ont plusieurs membres qui ont des troubles d'apprentissage. Est-ce héréditaire ou ont-ils des troubles d'apprentissage parce qu'ils proviennent du même milieu et qu'ils ont vécu les mêmes expériences ?

▼——————————————————▼

Héréditaire :

Signifie « se transmet par les parents ou les grands-parents ».

▲——————————————————▲

Plusieurs personnes ayant des troubles d'apprentissage ont des enfants ayant des troubles d'apprentissage. Plusieurs personnes ayant des troubles d'apprentissage ont des enfants qui n'ont pas de troubles d'apprentissage. La question que tu dois te poser est celle-ci : peux-tu aimer et élever un enfant peu importe ce qui arrive ? C'est la chose la plus importante sur laquelle te baser.

6. Serais-je capable de travailler et de vivre seul ?

La majorité des personnes ayant des troubles d'apprentissage deviennent aussi indépendantes que les autres. Cela peut seulement prendre plus de temps et plus de travail. C'est pour cette raison que nous pensons que tu devrais te préparer pour le futur dès maintenant.

Commence à penser à tout ce dont tu auras besoin pour bien t'intégrer dans le milieu du travail et être indépendant ou indépendante. Pratique-toi en travaillant dès que tu en auras la possibilité. Tu peux te faire un curriculum diversifié en travaillant dans un restaurant, en livrant les journaux, en gardant des enfants ou en travaillant sur une ferme.

Plus tu apprendras tôt à travailler et plus il y a de chances que tu apprennes les habiletés nécessaires pour devenir un bon employé ou une bonne employée.

Nous pensons aussi qu'il est important que tu apprennes à prendre tes propres décisions. Pratique-toi à devenir indépendant ou indépendante le plus tôt possible. Choisis les vêtements que tu veux porter. Finis tes travaux scolaires par toi-même. Aide aux travaux ménagers de la maison. Il y a plusieurs choses que tu peux faire !

7. Est-ce que tous les enfants ayant des troubles d'apprentissage inversent les lettres lorsqu'ils lisent et écrivent ?

Non. Seulement un très petit nombre d'enfants ayant des difficultés d'apprentissage ont ce problème. Tout ce qu'ils voient est inversé, comme dans un miroir.

Plusieurs enfants entre sept et huit ans inversent des lettres ou des mots lorsqu'ils apprennent à lire et à écrire. Cela n'est pas un problème, à moins que les enfants continuent à inverser des lettres lorsqu'ils et elles vieillissent.

Si tu éprouves cette difficulté, va rencontrer un spécialiste qui travaille avec des personnes ayant des troubles d'apprentissage (psychologue, orthopédagogue). Demande à ton enseignant ou enseignante, ou au psychologue de l'école de te donner les noms des personnes qui peuvent t'aider. Ensuite, donne ces noms à tes parents.

La plupart du temps, il est possible d'aider ces enfants à surmonter cette difficulté. Ils et elles peuvent alors lire et écrire sans inverser les lettres.

8. Est-ce que tous les enfants ayant des troubles d'apprentissage se ressemblent ?

NON ! Les enfants ayant des troubles d'apprentissage peuvent être très différents les uns des autres, comme tous les enfants. Ils ont toutefois un point en commun : ils ont de la difficulté à apprendre. C'est pour cette raison qu'ils et elles peuvent être dans une même classe pour les difficultés d'apprentissage.

9. Y a-t-il plus de garçons que de filles qui ont des troubles d'apprentissage ?

Trois enfants sur quatre ayant des troubles d'apprentissage sont des garçons. Personne ne sait pourquoi. Peut-être que les garçons ont plus de chances d'en hériter de leurs parents ou de leurs grands-parents. Nous savons qu'il y a plus de garçons qui héritent de problèmes de santé que les filles.

De plus, les garçons sont souvent plus actifs que les filles. Parfois, il est plus difficile pour eux de rester assis en classe. Ils peuvent être plus agités et sembler moins intéressés par les travaux scolaires. Les enseignants et enseignantes, et les parents peuvent croire qu'ils ont des troubles d'apprentissage alors que ce n'est pas du tout le cas. C'est pour cela que l'évaluation rigoureuse est importante pour le diagnostic des élèves ayant des troubles d'apprentissage.

10. Est-ce que tous les élèves ayant des troubles d'apprentissage devraient fréquenter une classe régulière ?

Au Québec, le MEQ spécifie que les élèves devraient fréquenter une classe qui répond à leur besoin en leur fournissant l'aide nécessaire pour apprendre. Toutefois, on devrait toujours privilégier les classes régulières. Plusieurs enfants ayant des troubles d'apprentissage apprennent bien dans une classe régulière. D'autres enfants ont besoin d'une plus grande aide pour réussir à l'école. Pour cela, il faut que leur enseignant ou enseignante leur montre «comment apprendre». Il ou elle doit aussi savoir qu'un trouble d'apprentissage n'est pas un trouble de motivation. Aussi, il faut que les jeunes connaissent leurs façons d'apprendre et différentes stratégies qui facilitent l'apprentissage. L'orthopédagogue peut les aider dans cette aventure. Ces élèves peuvent fréquenter une classe pour les jeunes ayant des troubles d'apprentissage, mais cette classe devrait mener à un retour éventuel en classe régulière.

Les classes pour les élèves ayant des troubles d'apprentissage peuvent permettre d'apprendre «comment apprendre» selon ses forces et ses faiblesses. Elles sont plus petites et plus tranquilles. De plus, les enseignantes de ces classes connaissent plusieurs stratégies pour aider les élèves ayant des troubles d'apprentissage à apprendre. Toutefois, la classe spéciale devrait être transitoire. Il faut aussi savoir qu'ailleurs au Canada et en Amérique du Nord, les élèves ayant des troubles d'apprentissage sont dans des classes régulières. L'enseignant ou l'enseignante et l'orthopédagogue travaillent en équipe afin d'aider les jeunes à mieux apprendre.

Pour les parents, et les enseignants et enseignantes :
Ressources suggérées

Livres

Livres traitant des troubles d'apprentissage, pour les parents, et les enseignants et enseignantes

Alberta Learning (2001). *Enseigner aux élèves ayant des troubles d'apprentissage.* Edmonton, Alberta.

Armstrong, T. et A. Donahue (1999). *Les intelligences multiples dans votre classe*, Montréal, Chenelière/McGraw-Hill.

Destrempes-Marquez, D. et L. Lafleur (1999). *Les troubles d'apprentissage : Comprendre et intervenir*, Montréal, Hôpital Sainte-Justine.

Drover, J., L. Owen et A. Wilson (1998). *Une affaire de famille : Manuel à l'intention des parents et des étudiants ayant un trouble d'apprentissage qui se préparent aux études postsecondaires*, Ottawa, Troubles d'apprentissage – Association canadienne (TACC).

Duclos, G. et coll. (1996). *Pistes d'intervention orthopédagogique*, Montréal, Hôpital Sainte-Justine.

Goupil, G. (1997). *Communications et relations entre l'école et la famille*, Montréal, Chenelière /McGraw-Hill.

Goupil, G. (1997). *Élèves en difficulté d'adaptation et d'apprentissage*, Boucherville, Gaëtan Morin.

Juhel, J.-J. (1998). *Aider les enfants en difficulté d'apprentissage*, Québec, Presses de l'Université Laval.

Juhel, J.-J. (1998). *Aider les enfants en difficulté d'apprentissage : Cahier d'exercices*, Québec, Presses de l'Université Laval.

Troubles d'apprentissage – Association canadienne (1996). *Guide sur les problèmes d'apprentissage et de comportement chez les enfants*, Ottawa, Troubles d'apprentissage – Association canadienne (TACC).

Troubles d'apprentissage – Association canadienne (1998). *Soutenir activement votre enfant ayant un trouble d'apprentissage*, Ottawa, Troubles d'apprentissage – Association canadienne (TACC).

Saint-Laurent, L., J. Giasson, C. Simard, J.J. Dionne, É. Royer et coll. (1995). *Programme d'intervention auprès des élèves à risque*, Montréal, Gaëtan Morin.

Van Grunderbeeck, N. (1994). *Les difficultés en lecture: diagnostics et pistes d'intervention*, Montréal, Gaëtan Morin.

Suggestions de textes sur le web:

Ministère de l'Éducation du Québec:
http://www.meq.gouv.qc.ca

Politique de l'adaptation scolaire (Québec)
http://www.meq.gouv.qc.ca/dassc/pageadapt.html

Adaptation scolaire et sociale de langue française
adapt-scol-franco.educ.infinit.net

Fédération des comités de parents du Québec
www.fcppq.qc.ca

La dyslexie
PetitMonde
http://www.petitmonde.qc.ca/cd_scripts/note.dll?type = AR TICLE&k_document = 108

Les troubles spécifiques d'apprentissage
PetitMonde
http://www.petitmonde.qc.ca/cd_scripts/note.dll?type = AR TICLE&k_document = 430

Coordination des intervenants auprès des personnes souffrant de dysfonctionnement neuropsychologique (CORIDYS)
www.coridys.asso.fr/

QUELQUES MOTS À PROPOS DES DEVOIRS ET DES LEÇONS

Tous les parents désirent être de bons parents. Nous pensons qu'une bonne façon d'être de bons parents est de s'assurer que nos enfants font leurs devoirs et leurs leçons. Il n'y a rien de mal avec cette manière de penser en ce qui concerne la plupart des enfants. Néanmoins, si votre enfant apprend différemment, vous devez faire attention à ne pas trop mettre de pression sur lui pour les devoirs et les leçons.

Pour la plupart des enfants ayant des troubles d'apprentissage, l'école est difficile. C'est difficile tous les jours, chaque jour. Essayez de vous imaginer comment cela peut être d'éprouver des frustrations pendant toute la journée, revenir à la maison et être obligé de faire d'autres travaux scolaires jusqu'à l'heure du coucher.

Nous pensons que la maison devrait être un havre pour les enfants qui apprennent différemment. La maison devrait être un lieu où ils peuvent relaxer et être eux-mêmes. Si vous avez l'impression que l'enseignant ou l'enseignante de votre enfant donne trop de devoirs, essayez de lui demander s'il est possible de diminuer ses exigences à ce niveau. Pourquoi donner 50 problèmes mathématiques si l'élève peut en faire cinq à dix correctement? Un devoir qui peut prendre 15 minutes pour la plupart des autres élèves peut prendre jusqu'à une heure pour qu'un élève qui apprend différemment puisse le compléter.

De plus, pour faciliter la période des devoirs, assurez-vous d'établir une routine quotidienne. Cette routine facilitera cette période pour vous et votre enfant. Nous vous suggérons deux livres qui portent sur les devoirs. Ces livres devraient faciliter le bon déroulement de ce moment à la maison.

Livres traitant des devoirs et des leçons pour les parents et les enseignants

Lecture suggérée pour les parents

- **Devoirs sans larmes. Guide à l'intention des parents pour motiver les enfants à faire leurs devoirs et à réussir à l'école**
  Canter, Lee et Lee Hausner
  Montréal: Éditions Chenelière, 1995 (1988 pour l'original en anglais). 149 p.
- Alberta Learning (2000). *La réussite scolaire de votre enfant*, Manuel d'accompagnement à l'intention du parent, Edmonton, Alberta.

Lecture suggérée pour les enseignants

Canter, L. et L. Hausner (1995). *Devoirs sans larmes: Guide à l'intention des parents pour motiver les enfants à faire leurs devoirs et à réussir à l'école*, Montréal, Chenelière.

Canter, L. (1995). Devoirs sans larmes: *Guide pour les enseignants et les enseignantes de la 1ʳᵉ à la 3ᵉ année*, Montréal, Chenelière.

Canter, L. (1995). Devoirs sans larmes: *Guide pour les enseignants et les enseignantes de la 4ᵉ à la 6ᵉ année*, Montréal, Chenelière.

Livres sur l'affirmation de soi et l'estime de soi

Duclos, G., D. Laporte et J. Ross (1995). *L'estime de soi de nos adolescents: Guide pratique à l'intention des parents*, Montréal, Hôpital Sainte-Justine.

Duclos, G. (2000). *L'estime de soi: Un passeport pour la vie*, Montréal, Hôpital Sainte-Justine.

Duclos, G. et une équipe d'éducatrices dirigée par Denise Bertrand (1997). *Quand les tout-petits apprennent à s'estimer: Guide théorique et recueil d'activités pour favoriser l'estime de soi des enfants de 3 à 6 ans*, Montréal, Hôpital Sainte-Justine.

Dufour, M. (1993). Allégories pour guérir et grandir: *Recueil d'histoires métaphoriques*, Chicoutimi, JCL.

Dufour, M. (1997). *Allégories II – croissance et harmonie: Recueil de contes métaphoriques*, Chicoutimi, JCL.

Germain-Thiant, M. (2001). *J'apprends à travailler*, Paris, De La Martinière Jeunesse.

Laporte, D. (1997). *Contes de la planète Espoir: À l'intention des enfants et des parents inquiets*, Montréal, Stanké.

Laporte, D. (1997). *Pour favoriser l'estime de soi des tout-petits: Guide pratique à l'intention des parents de 0 à 6 ans*, Montréal, Hôpital Sainte-Justine.

Laporte, D. et L. Sévigny (1993). *Comment développer l'estime de soi de nos enfants: Journal de bord à l'intention des parents*, Montréal, Hôpital Sainte-Justine.

Laporte, D. et L. Sévigny (1998). *Comment développer l'estime de soi de nos enfants: Guide pratique à l'intention des parents d'enfants de 6 à 12 ans*, Montréal, Hôpital Sainte-Justine.

Langlois, L. (2001). *On n'est pas des nuls!*, Paris, De La Martinière Jeunesse.

Ortiz-Brulot, M. (2000). *Un enfant très spécial*, Canada, Guérin.

Prud'homme, Karmen (1998). *Bonne année, Grand Nez!*, Montréal, Hurtubise HMH.

Saint-Mars, D et S. Bloch (1997). *Lili se trouve moche*, CEE, Calligram.

Saint-Mars, D et S. Bloch (1996). *Max est maladroit*, CEE, Calligram.

Saint-Mars, D. et S. Bloch (1992). *Max n'aime pas lire*, CEE, Calligram.

Wolf, E. (1994). *Les cinq affreux*, France, Milan.

QUELQUES MOTS À PROPOS DE LA DÉPRESSION

Les enfants qui font une dépression peuvent avoir une large variété de symptômes, ce qui rend le diagnostic difficile à faire. Tout comme les adultes dépressifs, les enfants peuvent pleurer souvent et facilement, avoir des problèmes d'appétit et de sommeil ou être fatigués ou malades. Contrairement aux adultes, les enfants dépressifs sont parfois menaçants, hostiles et agressifs. Ils peuvent faire des crises de colère ou frapper les autres pour des raisons qui semblent insignifiantes.

Les enfants ayant des troubles d'apprentissage sont plus à risque d'être dépressifs dû à leurs difficultés et les frustrations qu'elles engendrent. Dans la plupart des écoles, une personne-ressource, un ou une psychologue ou une travailleuse sociale est disponible pour vous guider vers un endroit qui pourra vous aider, si vous croyez que votre enfant est dépressif ou dépressive. Dans certains quartiers, il est possible que vous ayez à contacter votre médecin pour obtenir un diagnostic ou des références.

Les livres qui accompagnent l'enfant à mieux se comprendre et qui favorisent une image de soi plus positive, peuvent aider l'enfant à exprimer ses émotions. Les livres suggérés ci-dessus sont appropriés pour les enfants ayant des troubles d'apprentissage, leurs parents et les enseignants. Nous recommandons aux parents de consulter l'enseignant ou l'enseignante de leur enfant ou une personne-ressource avant d'essayer du nouveau matériel à la maison. Nous conseillons fortement aux enseignantes de communiquer avec les parents, la personne-ressource, le ou la psychologue et la travailleuse sociale.

Logiciels informatiques

Vérifiez avec le centre des médias de votre école ou avec la bibliothèque municipale de votre région afin de connaître les logiciels appropriés pour les élèves qui apprennent différemment. Vous pouvez aussi contacter les compagnies suivantes et leur demander leur catalogue.

Diffusion Multimédia
1200, avenue Papineau
Bureau 321
Montréal (Québec) H2K 4R5
Site web : www.diffm.com

Centre franco-ontarien de ressources pédagogiques
290, rue Dupuis
Ottawa (Ontario) K1L 1A2
Site web : www.cforp.on.ca

Ice multimédia
2775, rue Rolland
Bureau 100
Sainte-Adèle (Québec) J8B 1C9
Site web : www.icemultimedia.com

Associations

Association canadienne de la dyslexie
Bureau d'Aylmer (Québec)
234, rue des Draveurs
Aylmer (Québec) J9J 1K5
Téléphone : (819) 684-0542

Association nationale des étudiant(e)s handicapé(e)s au post-secondaire (National Educational Association of Disabled Students)
http://www.neads.ca

Association québécoise pour les enfants audimuets et dysphasiques (AQEA)
216, av. Querbes, bureau 235
Outremont (Québec) H2V 3W2
Téléphone : local (514) 495-4118 sans frais 1 800 495-4118
Télécopieur : (514) 495-8637
Courrier électronique : aqea@aqea.qc.ca

Association québécoise pour les troubles d'apprentissage (AQETA)
284, rue Notre-Dame Ouest, bureau 300
Montréal (Québec) H2Y 1T7
Téléphone : (514) 847-1324
Télécopieur : (514) 281-5187
Courrier électronique : info@aqeta.qc.ca

Panda Estrie (Parents aptes à négocier le déficit d'attention avec ou sans hyperactivité)
http://site.voila.fr/panda.estrie

Troubles d'apprentissage – Association canadienne (TAAC)
323, rue Chapel
Ottawa (Ontario) K1N 7Z2
Téléphone : (613) 238-5721
Téléc. : (613) 235-5391
Courriel : information@ldac-taac.ca

Index

D

E

F

G

H

I

J

L